"La historia más asombrosa que he leído. Ambos lados de la ecuación humana se pintan tan vividamente." - Elfa Gisla

"Los eventos horrendos que ocurrieron en los Campos de Muerte me llevaron a las lágrimas. Aún más asombroso es cómo Bun Yom pudo levantarse por encima de todo. *Mañana Estoy Muerto* es verdaderamente una historia inspiradora." - Julie Menkens

"Nunca me quejaré por nada en mi vida jamás... ¡nunca!"
 - Louis Weiss

"Bun sobrevivió insuperables adversidades, encontró situaciones peligrosas repetidamente, y a pesar de todo surgio fisicamente ileso. Eso es verdaderamente maravilloso. El tenía angeles protegiendolo por alguna razón. En mi opinión él es un heroe."
 - Barbara Sommers

"Si el libro de Bun no cambía instantaneamente tu vida, tú ya estas muerto." - Glenn Murphy

"¡Wow! Un hombre superando esclavitud, hambre, trabajo agotador, perdida de la familia; cualquiera podría haberle destruido. El no únicamente sobrevivió, sino que lo superó todo. El vive en un plano superior que la mayoría de nosotros nunca lo hará."
 - Bill Barton

Būn Yom

* * *

Mañana Estoy Muerto

Andante Publishing

Andante Publishing
16625 Redmond Way, Suite 123
Redmond, Washington 98052

www.andantepublishing.com
www.tomorrowimdead.com

Copyright © Bun Yom, 2010

Mañana Estoy Muerto / Bun Yom
ISBN: 978-0-9833617-6-3

Diseño de la portada de Jessica W. Chandler
www.SeattleBookDesign.com

Foto de la contraportada de Dean Duby
Mapa de Ryan Chandler
Todas las fotos cortesía de Bun Yom
o el Ejército de Liberación Camboyano

Impreso en los Estados Unidos de América

PRIMERA EDICIÓN EN ESPAÑOL
1 3 5 7 9 10 8 6 4 2

Library of Congress ha catalogado esta edición.

Ninguna parte de este libro puede ser utilizado o reproducido en cualquier forma que sea sin el consentimiento escrito del editor, excepto en el caso de citas breves incluídas en artículos críticos o revisiones.

El escaneo, subir o distribución de este libro a través de Internet o a través de cualquier otro medio sin el permiso del editor es ilegal y castigado por la ley. Favor de comprar sólo ediciones electronicas autorizadas y no participar en o fomentar piratería electrónica de materiales con derecho.

"Para todo ser humano--
Sean pacíficos y bondadosos unos con otros,
siempre; sin importar las circunstancias."

- Bun Yom

CONTENIDOS

PROLOGO

    Un Mensaje de Bun   8
    Un Mapa del Mundo de Bun   10
    Introducción   11

PARTE UNO:
MATENOS DESPACIO

    1. La Historia de My Padre   19
    2. Mis Años Escolares   27
    3. La Zona Cero--Niños Furiosos con Armas   35
    4. Las Líneas   41
    5. Mátenos Despacio   47
    6. La Presa   51
    7. La Inundación   55
    8. Los Campos de Arroz   59
    9. Los Fantasmas de los Campos   63
    10. Aguanta   67
    11. El Ruido de la Muerte   71
    12. Excavar Tierra, Enterrar Agua   81
    13. La Serpiente de la Suerte   87
    14. No Hay Comida Para Animales   91
    15. El Levantamiento   97
    16. Las Piedras No Vuelan   103

PARTE DOS:
EL EJERCITO DE LIBERACION CAMBOYANA

    17. El Escape   109
    18. El Campamento de Liberación   117
    19. Mi Primera Misión de Liberación   127
    20. Bun Obtiene Su Arma   139
    21. Los Hermanos de Sangre   145
    22. Encontramos Dos Damas   151

PARTE TRES:
MAÑANA ESTOY MUERTO

    23. Cien Soldados Más   163
    24. No Pistola, No Vida   167
    25. Una Sorpresa de Cumpleaños   173
    26. La Fuerza Especial   179
    27. Buda Sonreirá   193
    28. El Maestro   201

PARTE CUATRO:
MI MAMA ME ENCUENTRA

    29. El Escape De Mis Padres   207
    30. Baja Uno, Toma Uno   211
    31. Mi Máma Compra Mi Libertad   225
    32. El Campamento Filipino   231
    33. Cómo Llegué a los Estados Unidos   237
    34. Bienvenido a América   243

EPILOGO

    Una Ultima Bendición   253
    Conclusión   255
    Acerca del Autor   256
    Libro Dos   257
    Cómo Hacer Un Pedido   258

Un Mensaje de Bun

✵ ✵ ✵

Cuando yo tenía trece anos, yo tenía mi libertad y mi familia. Un año después los Jemeres Rojos tomaron control y cambió mi vida para siempre. Yo fui arrebatado de mis padres y forzado a trabajar como esclavo en los Campos de la Muerte. La mayoría de la gente joven del oeste de Camboya murieron en esos campos.

Este libro es para cualquier persona que se pueda beneficiar aprendiendo acerca de la vida tan dura que mucha gente Camboyana soportó. Yo espero que mediante la lectura de mi historia de supervivencia puedan aprender a apreciar sus propias vidas.

Yo escribí para todos los niños quienes se beneficien aprendiendo acerca de la vida tan dura que nosotros tuvimos en los Campos de la Muerte, y aún entonces, todavía nosotros ayudamos a la gente.

Yo quiero que los niños sepan que cuando yo me convertí en un Soldado de Liberación no importaba si había batalla o no, comida o no, dormir o no, lluvia o no; yo siempre traté de ayudar a la gente y conseguirles una vida mejor, una vida alejada del sufrimiento y el hambre.

Yo quiero que los niños en todas partes que entiendan que la guerra es una cosa terrible. Yo luché en una guerra por cinco años--con bombas, minas y balas todos los días, sin saber cuando iba a morir.

Yo dormí en selvas y campos con cadáveres. Yo ví mucha gente sufrir a causa de soldados jóvenes. La guerra es una cosa terrible.

Para todos los niños; manténgase en la escuela. Escuchen a gente buena que puede dar orientación. Aprendan a ser fuertes y confiar en ustedes mismos. Siempre hagan lo correcto para ustedes y para los demas.

Hoy, este mundo es un lugar pequeño. Todas las esquinas de la tierra tiene gente que está tratando de sobrevivir. Es importante que los niños también aprendan acerca de estas personas.

Algunas personas no aprecian lo que tienen. Yo espero que estos lectores puedan aprender algunas cosas buenas de mi historia.

Para todas las personas, en todas partes; traten de ayudar de cualquier manera que puedan. Para eso es que estan aquí.

Yo llegué a los Estados Unidos sin ningún centavo, ni una palabra de inglés y sólo la ropa que llevaba. Trabajando duro, ahora tengo mi propia casa, una familia, mi propio negocio y muchos amigos buenos.

Me tomó veinte años para poder escribir acerca de mis años en los Campos de la Muerte. Ahora, por el bien de todos los niños en todas partes, es tiempo de compartir mi historia.

Aguanta. Haz lo correcto y nunca te rindas.

Gracias por su apoyo,

Un Mapa del Mundo de Bun

Introducción

✳ ✳ ✳

Durante el principio de la decada de los 60s, un Camboyano llamado Pol Pot se convirtió en el jefe de el Partido Communista clandestino el cual se oponía al gobierno de Realesa Monarca. Como este partido creció, Pol Pot formó un ejército de resistencia en las selvas de Camboya conocido como los Jemeres Rojos (Camboyanos Rojos.)

En 1970 las fuerzas militares de los Estados Unidos entraron a Camboya con la intención de expulsar a los rebeldes Norvietnamitas que habían huido a Camboya. En los proximos cinco años los Norvietnamitas fueron exitosamente expulsados de las mayores ciudades Camboyanas, junto con cientos de miles de campesinos Camboyanos, de los cuales la mayoría huyó a la ciudad de Phnom Penh en busca de refugio. Muchos de estos Norvietnamitas escaparon a las junglas de los alrededores y se aliaron con los Jemeres Rojos de Pol Pot. Mientras los Jemeres Rojos se fortalecian, su plan de tomar la ciudad de Phnom Penh se intensificaba.

Habiendo sido testigos de la muerte de amigos y familiares durante la Guerra de Vietnam, campesinos Camboyanos en dificultades, desesperados por alguna esperanza, empezaron a creer en la utopía social prometida por Pol Pot; promesas él decía iban a traerles la paz y una vida mejor. El ejército de Pol Pot, que estaba ahora bien abastecido por la China communista, creció exponencialmente y pronto ganó la lealtad de muchos de los Camboyanos desplazados.

Para 1975 las tropas Estadounidenses se habían retirado de Camboya, dejando a la gente indefensa contra el ejército de Pol Pot, los Jemeres Rojos. Los Jemeres Rojos pronto controlaron Phnom Penh y el gran parte del Sur de Camboya. Sin alguna fuerza militar que se les opusiera, los Jemeres Rojos inició una de las campañas de genocidio más atroces que el mundo ha conocido.

En ese tiempo muchos de los Camboyanos bieneducados y ricos estaban residiendo en ciudades modernas cerca de la frontera con Tailandia. Fue en esas ciudades, campos y selvas a sus alrededores, donde los Jemeres Rojos, alimentado por el desprecio feroz hacia los ricos y educados, desató su mayor brutalidad. Estos fueron los peores Campos de la Muerte. Fue aquí que con catorce años de edad Bun Yom fue arrancado de sus padres y forzado a trabajar como esclavo en condiciones inhumanas, parecía que sólo la muerte lo libraría.

La brutalidad de los Jemeres Rojos pronto iba a competir con el intento de la Alemania Nazi de erradicar a Judios de Europa como el más horroroso acto de violencia alguna vez cometido contra la gente de una nación. En los próximos cuatro años, dos millones de personas (una quinta parte de la populación Camboyana) fueron esclavizados, luego asesinados, muertos de hambre o forzados a trabajar hasta la muerte.

Después de tres años en los Campos de la Muerte, con diez y siete años de edad, Bun Yom escapo de los Jemeres Rojos y se convirtió en un "Soldado de Liberación." Usando su sabiduría, valor desinterezado y compasión sin precedentes, Bun rescató miles de Camboyanos y pronto llegó a ser el soldado más grande del Ejército de Liberación Camboyana.

"Aquellos que no recuerdan el pasado están condenados a repetirlo."

- George Santayana

Bun Yom
* * *
Mañana Estoy Muerto

PARTE UNO

Mátenos Despacio

Una casa típica Camboyana hecha de bambú y hojas. Bun nació en una casa como ésta. Elefantes llegaban y se rascaban contra los postes.

La hacienda de He Ty, el tío de Bun, en las afueras de Pailin, estaba plagado de serpientes de todos tipos y colores. Bun atrapaba cobras durante el día, pero no en la noche.

1

La Historia de mi Padre

Mi padre nació en Tailandia el 10 de Abril de 1926. El vino a Camboya en 1944. Aquel era el año en que Francia y Tailandia se peleaban entre ellos en la Segunda Guerra Mundial. Los Franceses estaban peleando en Camboya como también en Vietnam y Laos. Tailandia luchó contra la Armada Francesa hasta que dejaron Camboya, después Tailandia tomó parte de la tierra Camboyana y su gente.

Mi padre, Yom, y su hermano, Noun, se fueron a Camboya a pie, cincuenta millas cruzando la jungla, dos días de camino. Mi padre tenía dieciocho años en ese entonces. Los dos hermanos buscaban la manera de ganar dinero y regresaron a Tailandia a pie muchas veces. Este llegó a ser una forma de vida por los siguientes diez años.

Las junglas de esta húmeda región tropical eran difíciles de recorrer. Los caminos eran estrechos con subidas y bajadas en medio de bosques de caucho, plátano, palma, coco, higuera y árboles de capoc. Esta vida silvestre es como un zoológico con elefantes, tigres, monos, grullas, loros, y serpientes venenosas. En el tiempo de lluvias, todas las hojas estan cubiertas de sanguijuelas--gusanos del tamaño de un palillo de dientes que se pegan a los animales y a la gente para chuparles la sangre. Las sanguijuelas se hinchan al tamaño del dedo pulgar una vez que encuentran un espacio cálido en la piel para pegarse.

Cuando mi padre tenía veintisiete años, él conoció a una mujer hermosa, mi madre Heng, en Camboya. Ella también buscaba la manera de ganarse la vida. Ellos se casaron en Camboya en 1954. Mi tío, He Ty (pronunciado "jai-ti) se encargó del matrimonio y la boda. Después de la boda ellos regresaron a Tailandia para que mi mamá conociera la familia de mi padre y ellos se volvieran a casar, porque una boda Tailandesa no era considerada oficial en Camboya en ese tiempo.

Mis padres trabajaron muy duro. La comida era poca para dos personas que mantener. Ellos dos excavaban en busca de piedras preciosas. Este era un trabajo muy duro. Un hoyo del tamaño de una persona tenía que ser excavado directo hacia abajo en el suelo y entrar en el. Era sólo lo suficiente grande para entrar gateando en el, con los codos tocando cada lado del hoyo. Algunos hoyos, "los afortunados," sólo había que cavar cinco pies para que encontraras piedras. Pero muchos hoyos tenían diez y a veces treinta pies de hondo dentro de la tierra. Pequeños agujeros eran cortados en los lados como escalones. Entonces ellos cavaban con una palanca para aflojar piedras y tierra. Esto era sacado con una cubeta en una cuerda. La vena existente de roca estaba a veces hasta treinta pies bajo la superficie. Cuando el hoyo estaba así de hondo, sistemas de poleas eran manipuladas para sacar la tierra. Para esto se necesitaban al menos dos personas por hoyo. Cuando la tierra era retirada, la tierra era puesta en un cernidor y lavada con agua. Ellos entonces cernían y cernían, esperando encontrar un rubí.

Mucha gente hacía esta tan difícil forma de trabajo para ganarse la vida. Algunos días se encontraba una piedra bastante grande para durar dos meses, otros días nada. Estos rubís eran rojos, azules, blancos y marrónes, y eran vendidos en Tailandia. Mis padres iban y venían a través de la selva a pie muchas veces.

1955

Mi máma tuvo su primer hijo. Su nombre era Phon (pronunciado "poun"). Mi madre se quedaba en casa con el bebé mientras mi padre regresaba del trabajo. Cuando mi hermano tenía un año y medio, ellos fueron a visitar al Abuelo y Abuela en Tailandia. Después, mi madre regresó a ayudar a trabajar a mi padre, llevando a mi hermano en su costado. Cuando él lloraba, se lo pasaba a la espalda amarrado con una honda de trapo, donde él pudiera ver o dormir.

La casa en la que vivían en ese tiempo era una casa muy pobre, con hoyos en las paredes y un techo con goteras hecho de palos de bambú y hojas grandes. Los lados de la casa tenían hojas y barrotes de bambú. Cuando llovía, el agua se metía y ellos trataban de mantener el bebé seco. No había baño. No había agua potable. No electricidad. No platos. No muebles. Nada. La pobre gente tenía que trabajar duro nomás para sobrevivir. No había sistema de ayuda de bienestar social en Camboya. Nomás trabajar más duro o morir.

1960

Nací en Pailin, Camboya; el segundo hijo, llamado Bun Yom. Yo nací en la casa pobre de mis padres. Ese día, mi madre después me contó, hubo una tormenta de viento que tumbó el techo. Todo estaba mojado incluyendome a mi.

Mi madre regresó a trabajar dos semanas después de mi nacimiento, escarbando en busca de rubíes. Mi hermano se encargaba de mí mientras mis padres trabajaban cerca de ahí. El tenía cinco años. En Camboya la practica de niños cuidando bebés todavía se utiliza. Mi madre me contó que cuando yo nací, le traje mucha suerte porque encontraron un rubí muy grande el primer día que regresó a trabajar después de mi nacimiento. El rubí era tal vez de cinco quilates. La piedra preciosa valía 5,000 baht (dinero Tailandes, pronunciado "bat").

Ellos llevaron el rubí a Tailandia, lo vendieron, regresaron a Camboya y compraron una casa con terreno. Con el dinero que sobraba, mi madre compraba rubíes a la demás gente. Estos eran llevados y vendidos en Tailandia. Ella era ahora una mujer de negocios sin ninguna educación formal, escuela, maestro ni la capacidad de leer o escribir. Ella se las arregló para manejar un negocio por su cuenta.

Mi padre llevaba a mi madre a lugares donde tenía que ir en su motocicleta. Un día cuando él llevaba a mi mamá del trabajo a casa, al acercarse al puente de madera, mi padre al querer afrenar se encontró que no tenía frenos. Mi mamá gritaba "¡Para, para!" y mi padre le respondía gritando, "¡No tengo frenos!"

Mi padre desvió la motocicleta del puente y terminaron en una zanja con agua. Mi mamá se golpeó la cabeza y mi padre estaba moreteado de pies a cabeza. La gente de la aldea vieron lo ocurrido y corrieron a ayudar a sacar la motocicleta. Con la motocicleta llena de lodo y descompuesta, ellos se fueron en bicicleta el próximo día, con mi mamá en el asiento mientras mi padre pedaliaba. Esta forma de viajar era un poco más seguro ya que la bicicleta tenía un freno de mano que funcionaba.

1961

Otro bebé nació en la nueva casa--una niña nombrada Bo Phaw (pronunciado "bo-pau"). Otra vez no había hospital. Un médico de familia vino a la casa para asistir en el parto. El costo fue de 100 dolares en dinero Camboyano. Nuestra familia estaba ahora formada por mi madre, padre, dos hijos y una hija.

Mi madre abrió una pequeña tienda de abarrotes en la parte delantera de la casa. Mi hermano el mayor era lo suficiente grande para cuidar de los niños y el negocio en casa, lo que era mucha ayuda. Mi mamá trabajaba en la tienda en la mañana y por la tarde compraba los rubíes que la gente sacaba trabajando. Alguna gente incluso, pasaba a la casa para vender rubíes; un lugar para obtener dinero. Pronto, mucha gente sabía donde ir a vender el producto de su día de trabajo, lo que era algunas veces gastado ahí mismo en abarrotes en la tienda de la familia. Este proceso ayudaba a volver a surtir los estantes mientras el negocio de mis padres crecía. Durante cuatro años este negocio siguió creciendo y prosperando.

1965

Otro hermano, Cole He (pronunciado "kola-ji") nació. Ahora habían cuatro niños. La tienda aún estaba creciendo. Cuando mi hermano tenía un año de edad, se enfermó de urticaria por tres meses. Mi madre se quedaba en casa para cuidarle, cociendo raices y bañandole con agua fria para hacerlo sentir mejor. Mi padre volvió a sacar rubíes con mi hermano el mayor.

1970

Mi madre vendió la casa y nos mudamos a Jra, Camboya. En la casa nueva, una bendición se llevó a cabo por unos monjes para traerle buena suerte. Después de esto, todos entramos y comimos juntos. Una semana más tarde, mi madre abrió un restaurante en nuestra casa. Ella cocinaba hasta el mediodía todos los días.

Mi hermana tenía ahora nueve años y salía a vender envolturas de plátano en la calle a la gente que iba a trabajar. Estas envolturas, que eran hojas de plátano llenas de arroz, leche de coco y azucar, eran preparadas por mi mamá a las 3:00 a. m. todas las mañanas. De desayuno se servía sopa de fideo y sopa de arroz. En las tardes mi madre iba a comprar rubíes otra vez.

En los fines de semana, mis padres iban a Tailandia en carro, cuatro horas de camino, a vender rubíes mientras nosotros nos quedabamos en casa y trabajabamos en la tienda. Cuando ellos regresaban, la tienda era surtida con el dinero de la venta de los rubíes en Tailandia.

1971

Mi madre cerró la tienda y toda la familia nos fuimos de vacaciones a Tailandia por dos meses para ver nuestros abuelos, primos y familiares. Nos quedamos en la casa de mi abuela en Chanthaburi, Tailandia. La mañana siguiente, después de haber regresado a Camboya, mi tío He Ty, nos llevó a mi hermano y a mi a su hacienda en las afueras de Pailin, donde el cultivaba fruta para ganarse la vida. Mi madre, padre, hermana y hermano se quedaron en casa.

1975

Mi máma tuvo otro bebé. Su nombre era Chhay Thay (pronunciado "chai-tau").

Seis meses después del nacimiento de Chhay, los Jemeres Rojos vinieron y tomaron el control de Camboya, diciendole a todos en las ciudades que se fueran de sus casas.

En aquel dia de abril 1975, mi mamá, papá, hermano y hermana se les ordenó que salieran de su casa, les dijeron que no empacaran nada y fueron forzados a punta de pistola a marcharse hacia la selva.

Este fue el día que nuestras vidas cambiaron para siempre.

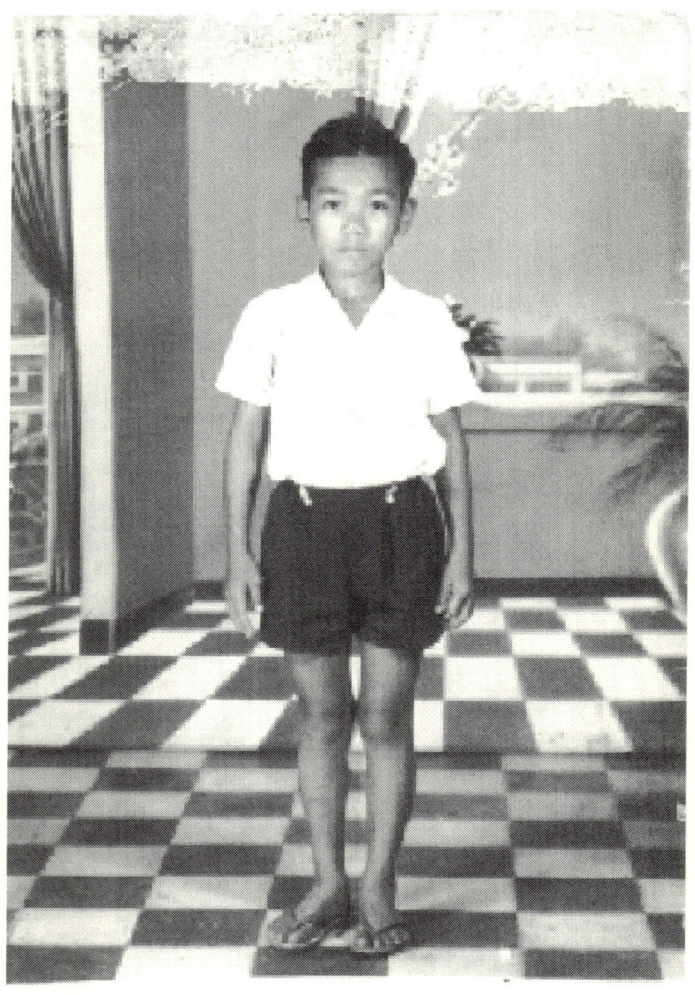

Bun en su primer día de escuela (1966). Ese foto fue guardada por su abuela.

2

Mis Años Escolares
1966

En 1966, mis padres me llevaron a mi primer día de clases y se nos tomó una fotografía. Ese día mis padres le dijeron al maestro tres cosas. Ellos dijeron, "Este es mi niño. Asegúrese que permanesca en la escuela. No le quebre los huesos, le corte la piel o le saque los ojos."

El primer día de clase era en el doceavo grado. Los grados en Camboya se enumeran en forma diferente que en los Estados Unidos. Las numeración va del doceavo a primero en lugar de primero a doceavo. Todos los días íbamos a la escuela de 8:00 a.m. a 5:00 p.m. Estabamos obligados a utilizar uniformes. Los niños llevaban pantalones cortos azules y camisas blancas. Las niñas usaban blusas blancas y faldas azules. En clase, había una niña y un niño en cada pupitre. El maestro nos decía que nos cercioraramos de que nuestra ropa estuviese limpia y bien fajada. Había un pizarron, libros, una esfera mundial y un maestro todo el día. No había baño en la escuela. Los niños nomás iban ahí cerca en los alrededores a orinar o hacer caca.

Tres años más tarde mis padres nos llevaron a toda la familia a Tailandia a visitar familiares aproximadamente por dos semanas. Cuando regresamos a Camboya, volví a la escuela. El tiempo que pasábamos en Tailandia con mis padres era muy especial para nuestra familia.

En 1969, me subieron al noveno grado. Sólo tuvé que ir a la escuela por tres meses. El maestro me dijo que ellos querían mandarme a séptimo grado. Esto de brincarse dos grados era extraordinario. Ese día, cuando llegué a casa, le dije a mis padres que había sido ascendido a una clase más alta, y ellos me llevaron con el maestro para saber porque yo no estaba cruzando cada paso, año por año. El maestro dijo que era un niño muy listo y que yo no debería de tomar las clases que ya sabía. Una vez que mis padres oyeron eso, ellos agradecieron al maestro por dejarme pasar todos esos grados. Entonces mis padres regresaron a casa.

Mi maestro me daba premios al final del año escolar. Los premios incluían: un lápiz, un cuaderno, un lapicero y un borrador. Yo le agradecía por todos estos regalos. Mis padres me preguntaron dónde había conseguido todos esos útiles. Yo dije, mi maestro me los dió como premio. Mis padres no me creyeron. Ellos creían que estaba mintiendo, pero yo sabía que estaba diciendo la verdad. La mañana siguiente mis padres me llevaron con el maestro. El maestro les dijo que era verdad, que estos eran regalos especiales para Bun. Mi maestro dijo que si a algún niño le iba bien en la escuela era premiado.

Después de eso, mi maestro me daba aún más tarea para hacer. Yo tenía siete clases al día. Eran lectura, matemáticas, escritura, antigüo Camboyano, arte, deportes e historia. Todos los días nos daban opciones en deportes que nosotros practicábamos. Algunos niños les gustaba correr. A otros les gustaba jugar deportes donde se usaban pelotas. Yo elegí aprender Tai Kwan Do. Este deporte implica una combinación de karate, kick boxing y yudo. Aprendimos trucos para defendernos. Al final del año nuestro maestro nos había enseñado como pelear. Esto era divertido. Al principio tu peleabas uno a uno. Si tu derribabas a tu oponente, el maestro mandaba dos. Yo llegué a enfrentar uno contra cuatro, pero eso fue demaciado. Ellos me golpearon derrumbandome hasta el suelo. No había colchonetas en el suelo ni en nuestros cuerpos. Cuando nos pateaban o golpeaban, dolía. Al final del año escolar, había una prueba en contra de otras clases para ver quien había aprendido Tai Kwan Do mejor. Yo recibí una calificación muy buena en la prueba. El maestro me dijo que lo había hecho bien, y me mando a pelear con un muchacho mas grande. Ese año yo era cinta blanca.

Ciertos días cuando iba a la escuela el maestro escribía letras en el pizarrón y todos los estudiantes las tenían que copiar. Una vez que eran copiadas, los estudiantes las llevaban a casa para practicarlas, algo así como educación escolar en casa. Yo me levantaba a las tres en la mañana para estudiar lo que había aprendido en la escuela un día antes. Tenía que recordar todo el trabajo que habíamos hecho porque el maestro quería que aprendiéramos a recordar la tarea que nos había dado. Entonces, cuando regresábamos a la escuela, el maestro nos nombraba de uno en uno para decir a la clase lo que habíamos aprendido un día antes. Todos tenían la oportunidad de asegurarse que ellos recordaban la tarea que les habían dado. Si ellos fallaban en una palabra, eran golpeados con un palo.

Un día cuando yo fallé muchas palabras, mi maestro me pegó con un palo y me salió sangre por el golpe. Mi maestro me preguntó si le había copiado la tarea a alguien más. Cuando le dije que sí, el me preguntó porque no la había estudiado. Yo le dije al maestro que no había tenido tiempo porque tuve que trabajar en la hacienda de mi tío, He Ty.

Al final del día de clases, mi maestro me llevó con mis padres y les dijó que me había pegado porque yo fallé muchas palabras. Después de eso, mis padres no dijeron mucho, sólo me llevaron dentro de la casa y me pegaron un poco más. Después de esa noche yo me púse a pensar porque había hecho esos errores. Yo estaba pensando como mi maestro nos decía que no nos equivocaramos en ninguna palabra y que estudiáramos en la noche. Desde ese día no volví a equivocarme en ninguna otra palabra en la escuela.

Recuerdo que otra vez cuando llegué media hora tarde a la escuela, mi maestro me mandó afuera a correr alrededor de la escuela cinco veces. Una vez que corrí la cinco vueltas alrededor de la escuela, mi maestro me dijo que jamás volviera a llegar tarde. Yo le dijé, "Está bien, no lo haré." Al final de ese día me aseguré de no volver a llegar tarde. Este era el fin de 1968.

En 1969, yo iba a la escuela pensando que yo era un poco más fuerte y mejor porque ahora ya iba en quinto grado. Yo sólo tenía nueve años y ya estaba en el grado equivalente al octavo grado en Estados Unidos. En quinto grado yo tuve que ir a la escuela por tres meses. Hubó todo tipo de proyectos que hacer. Aún tenía que hacer los trabajos acostumbrados en el año anterior, tenía que levantarme a estudiar mi tarea a las 3:00 a.m. y asegurarme de nunca llegar tarde a la escuela. Una vez que llegaba a la escuela, empezaba a tomar examenes y terminar proyectos.

Recuerdo un día que mi maestro me llevó con mis padres. Yo estaba muerto de miedo porque pensaba que me podrían pegar de nuevo. Yo no tenía ni la menor idea de lo que había hecho mal. Yo me preguntaba una y otra vez que podría ser, pero de nada me sirvió. Cuando llegamos a la casa de mis padres, mi maestro tocó la puerta y preguntó si podía pasar. Mis padres inmediatamente preguntaron si yo estaba en problemas. Mi maestro les dijo, "No, esta vez Bun no se metió en problemas. En realidad tengo buenas noticias. A Bun le fue muy bien en la escuela. El no ha perdido ningun día de clase, hizo toda su tarea y recibió calificación alta en exámenes que eran muy difíciles." Mi maestro continuó diciendo que él estaba pensando que quizas yo era demaciado listo para mi grado y necesitaba subir dos grados más, lo que sería octavo grado, o decimo grado en Estados Unidos.

Por supuesto que la escuela se complicó más, y aparte tenía que trabajar para mi tío después de clases. Al final de ese año escolar, mi maestro me dió premios porque era un niño muy listo. Todos los premios eran para usarse en la escuela. En las pruebas de Tai Kwan Do ya era capaz de derrotar a cuatro. Mis piernas quedaban negras, moradas, boludas y azules después de la pruebas, pero yo me sentía orgulloso. Gané la cinta negra en ese año. Mi maestro fue a mi casa más tarde ese día para decir que yo era un estudiante muy listo y contar a mis padres acerca de mis premios. Mis padres agradecieron a mi maestro y le reconocieron que necesitaba continuar llendo a la escuela aún más.

En 1970, mi tío nos llevó a mi hermano y a mi a su hacienda donde el vivía. Juntos, nosotros regábamos los árboles frutales. Mi hermano se quedaba en la hacienda mientras yo iba a la escuela. Cuando yo regresaba de mis clases, le ayudaba.

En 1971, mis clases se ponían cada vez más difíciles. Todo estaba muy duro; mi tarea, exámenes y todo lo que tenía que memorizar. Mi maestro mantenía un ojo en aquellos que eran inteligentes y los que no lo eran. Si no estaban acertando en sus respuestas, se los nalgueaban.

En 1972, sólo fui a la escuela por tres meses. El maestro a los más inteligentes a tomar un examen, mi nombre estaba en su lista ese día. La mañana siguiente, después del examen, tres alumnos tomarían un examen más difícil y otra vez mi nombre estaba incluido en esa lista.

Al final del año de 1972 mi maestro llamó a mis padres y les comunicó que Bun necesitaba subir a una escuela superior. El dijo que yo estaba haciendo un trabajo excepcional en matemáticas y lenguajes. Esta escuela más grande estaba todavía más difícil, entonces me apliqué más en la escuela y estudié aún mucho más en las noches.

En 1973, la escuela otra vez se volvió más difícil. Cerca del final de ese año mis estudios casi terminaban. Este fue el año en que recuerdo ver mi escritorio temblar mientras las avionetas B-52 volaban camino a Vietnam del Norte. Cuando salía al patio de recreo podía ver la panza blanca en la parte de abajo de los enormes bombarderos. Mi maestro nos decía que no nos alarmáramos. El nos dijó que siempre había guerra en Vietnam.

Yo siempre estaba con miedo en ese año, pero me aguantaba. Teníamos que tomar exámenes muy difíciles, y cada vez estaba incluido en la lista. Yo siempre me esforzaba al máximo en los exámenes y era incluido en la lista próxima unicamente para tomar exámenes cada vez más difíciles. Esta era enseñanza al estilo Camboyano.

En 1974, yo tenía catorce años. Mis deportes favoritos eran el fútbol y la practica de Tai Kwan Do.

Algunos niños eran demasiado buenos y podían enfrentarse uno contra ocho. Lo máximo que yo podía derrotar eran cuatro. Estas pruebas me dejaban el cuerpo moreteado. Cuando mi papá me preguntaba de los moretones, yo le decía que me habían pateado jugando mi deporte. El sonreía y decía que eso era bueno. El sabía que en Camboya la gente peleaba. No había policía que viniera a protejerte. Saber como defenderse era muy importante. A veces las peleas eran con los pies y los puños, y otras veces con cuchillos. Yo sabía como protejerme en todo tipo de peleas.

Nos enseñaron a pelear con palos. A mi me gustaba pelear con palos largos; yo terminaba pegándome muchas veces con los palos chicos. También aprendimos a quebrar ladrillos y "volar" por el viento (brincar mientras pateas).

Cuando llegaba a casa de la escuela y mis padres veían mis moretes, ellos hervían raíces de árbol en agua y remojaban mis piernas. Yo me sentaba con las piernas dentro de la bañera por una hora y se bajaba lo hinchado. Mi padre era muy bueno para curar nuestras lesiones. El nos ayudaba con huesos rotos, moretónes y otras cosas. El conocía la medicina de la jungla y otros trucos de Tailandia.

Mirando hacia atrás, esos eran años felices. Lo que estaba a punto de sucedernos a mi, mi familia y mi país, ningún ser humano sobre la faz de la tierra se lo hubiera previsto. Los soldados Estadounidenses estaban dejando Camboya y el Ejército de los Jemeres Rojos se encaminaban a robar todo.

Un soldado de los Jemeres Rojos en Phnom Penh durante su dominio. Los soldados Jemeres Rojos en Pailin eran mucho más jóvenes que la mayoría.

Muchachos forzados a abandonar sus casas e irse a las calles. Ellos se llevaban lo que podían agarrar.

3

La Zona Cero — Niños Furiosos Con Armas 1975

Me levanté y oí armas de fuego en todas partes. Ese día estaba en la hacienda de mi tío. No pasó mucho tiempo cuando ví a mi tío regresar a la hacienda. El nos dijo que algo estaba mal.

El me dijo que él iba a llevar a su familia y a mi hermano a Tailandia. El ya no tenía mas espacio en el automóvil, entonces él regresaría por mi más tarde. El me dijo que no me preocupará, que él regresaría a recoger otra familia muy pronto. Yo esperé solo ahí por dos o tres horas. El no regresó. Yo me senté solo a escuchar las armas. Yo tenía miedo y estaba desconcertado.

Más tarde ese día ví a mis padres caminando hacia la hacienda. Yo les dije que se tenían que quedar ahí en la hacienda porque mi tío rergresaría por nosotros.

Mis padres y familiares se quedaron en la hacienda por una noche. Nosotros podíamos oir las armas a lo lejos. Mis padres se preguntaban si la guerra de Vietnam había llegado a Camboya. Ellos no sabían acerca de los Jemeres Rojos. Cuando ellos salieron de su casa no se llevaron nada, sólo la ropa y alhajas que traían. Los soldados de los Jemeres Rojos no les dieron tiempo.

Nosotros esperamos con miedo esa noche, esperansados a que mi tío volvería por nosotros en su pequeña Toyota. Mientras esperábamos, perdimos la oportunidad de escapar de los Jemeres Rojos. Mi tío había llevado su familia y mi hermano, Cole He, a Tailandia donde estaban a salvo, pero cuando quizo regresar no se lo permitieron. El había manejado su Toyota hasta la frontera pero estaba cerrada. El no tenía ni idea de lo que estaba pasando. Ninguno de nosotros la teníamos. Nosotros no teníamos la manera de saber lo costoso que sería la tardanza de esa noche.

La noche estuvo tranquila y todos nosotros pudimos dormir. El sonido de los disparos nos despertó, y estos fueron en aumento toda la mañana. Yo podía oír los disparos muy fuertes y otros más despacio de todas las orillas de la hacienda.

Mi papá se asomó afuera de la casa para ver lo que ocurría. El vió que había mucha gente caminando en las carreteras, miles de gente caminando. Mi papá le preguntó a un señor que estaba pasando. El señor le dijo que se saliera de su casa, que la guerra iba a comenzar contra Vietnam. Pronto los Jemeres Rojos se acercaban a la casa en vehículos, gritando en megáfonos que todos salieran de sus casas.

Mi padre corrió dentro de la casa de mi tío y nos dijo que saliéramos antes que las bombas de Vietnam nos llegaran. Entonces, todos salieron de la casa y empezaron a caminar en las calles junto al resto de la gente.

Cuando caminaba en las calles ví niños de trece y catorce años vestidos con uniformes verdes. Yo pregunté a alguien, "¿Quiénes son esos niños vestidos con uniformes verdes?"

El dijo que eran comunistas llamados los Jemeres Rojos. Yo no entendí lo que me quería decir él porque en Camboya nunca había habido comunistas. Cuando mi familia caminaba en las calles yo ví a estos soldados que eran unos niños apuntando sus armas y gritándole a la gente que salieran de sus casas y que caminaran más rápido. Ellos decían, "Oigan todos, no se preocupen por sus casas, nomás salgan con un cambio de ropa. Ustedes nada más se iran por unos días y después regresaran a sus casa." Entonces nosotros caminamos.

Más tarde, esa mañana, yo ví una familia rogando a los Jemeres Rojos porque habían olvidado cosas en su casa y necesitaban regresar por ellas. Los Jemeres Rojos les dijeron que no regresaran. Cuando ellos voltearon para ir a su casa, los Jemeres Rojos les disparo con sus pistolas y sus AK-47. Esto aterrorisó al resto que iba caminando por la calle. Nosotros no entendíamos que es lo que estaba pasando. Pero ahora sabíamos que si nos volteábamos y no caminábamos derecho ellos nos podrían disparar.

En todas partes se escuchaba el ruido de los disparos. Los Jemeres Rojos le disparaba a la gente. Ellos disparaban por encima de nuestras cabezas y le ordenaba a la gente que continuaran y se alejaran de sus casas. Ellos estaban asustando a la gente para que saliera a las calles. Todos nosotros estábamos muertos de miedo.

Ese día yo ví miles y miles de personas saliendo de la ciudad. En ese día todos salieron de sus casas con las manos vacias. Tenían esperanza de regresar a sus casas. Todos caminamos todo el día y noche.

Alrededor de las 4:00 a.m. el sol salió. Mi madre y padre permanecieron juntos, y mi hermano Chhay, que tenía cinco meses, estaba llorando. El no dejaba de llorar porque no le habían dado algo de leche de comer. Mis padres buscaban algo de arroz o otro tipo de comida para nuestra familia porque teníamos mucha hambre de caminar veinte-y-cuatro horas sin descansar. Mi hermana, hermano y yo también intentamos buscar algo de comida para Chhay para que dejara de llorar.

De pronto vi caminar hacia nosotros un grupo de soldados de los Jemeres Rojos porque habían oído llorar a Chhay. Ellos dijeron, "No dejen que llore su bebé porque si los Vietnamitas lo escuchan los matan a todos." También dijeron que cuando regresaran y escucharan al bebé llorando, ellos tomarían a toda la familia en la calle y la matarían.

Después de eso, Bo Pha, Phon y yo estábamos cuidando a los de los Jemeres Rojos. Si los soldados se acercaban, mi hermana me decía y yo le metía ropa a la boca de Chhay. Chhay lloró todo el día. No paraba de llorar. Su barriga estaba hinchada del hambre. Los niños nos separamos en busca de comida, pero no tuvimos suerte. No pudimos encontrar comida.

Entonces los Jemeres Rojos anunciaron otra vez por el altavoz, "No se detengan ni se regresen almenos que nosotros les digamos que se paren. Entonces pueden parar."

Dos horas más tarde vimos muchos muertos al bordo de la carretera. Adultos, muchachos, niñas y soldados. Parecía como si los acabaran de matar ese día. Estábamos espantados por lo visto. Nosotros nunca habíamos visto muertos así amontonados en el bordo de la carretera. Nadie entendía porque los habían matado ni porque nos estaban obligando dejar nuestras casas.

Caminamos todo el día por la humeante calurosa jungla. Cuando volteaba para ver hacia tras veía miles de gente caminando detras de nosotros y miles en frente de nosotros. Luego ví más soldados de los Jemeres Rojos. Ellos habían traido más tropas. Estos otros soldados no eran amables con nadie. Algunos de estos niños eran tan pequeños que sus AK-47 casi tocaba el suelo cuando las traían colgadas del hombro. Cuando las disparaban al viento casi los tumbaba.

Yo veía a todos estos niños amenazantes sabiendo que a cualquiera le podía dar una golpisa, pero no había nada que pudiera hacer. Ellos le gritaban a los ancianos, apuntando con sus armas y gritándonos que nos moviéramos. "¡Levántese viejilla!" ellos le gritaban a una anciana.

Esto me enfuresía, pero yo sabía que si decía algo ellos me dispararían. Yo marchaba con mi cabeza hacia abajo. El calor de la selva se pegaba a mi piel y mi corazón temblando de miedo.

Yo no dejaba de pensar, "¿Hacia dónde vamos? ¿Por qué nos están gritando? ¿Por qué estos niños traen armas y están matando gente?"

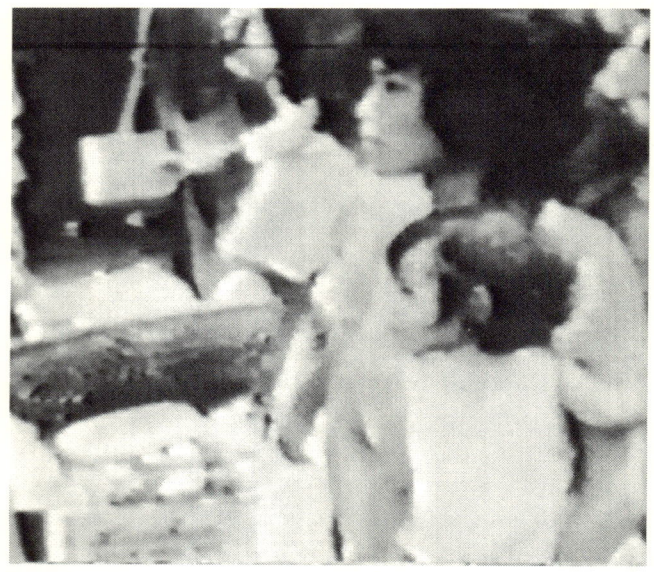
Mujer y niño siendo forzados a marcharse de su casa.

4

Las Líneas
1975

Ya tarde en la noche, los Jemeres Rojos nos dijeron a todos que tomaramos un descanso y que al amanecer tendríamos que empezar a caminar de nuevo. Los Jemeres Rojos dijeron tener que separarnos porque no era bueno continuar en un solo grupo. Nos dijeron que si el Ejército Vietnamita veía nuestro grupo caminado nos matarían a todos.

El día siguiente, los Jemeres Rojos dijeron que necesitaban que todos los niños fueran a conseguir comida. Lo anunciaron por sus megáfonos, "Si alguien tiene un niño o niña, necesitamos que vayan con nosotros."

Mi madre y padre dieron que me mandarían a mi hermano, a mi hermana y a mi. Mi hermano el más pequeño tenía solamente seis meses y se quedaría con mis padres. Entonces mi hermano, hermana y yo nos alejamos de nuestros padres. Esperábamos regresar con comida para ellos. Todos los padres esperaban que sus hijos les traerían comida también. Los Jemeres Rojos nos guiaron hacia dentro de la selva.

Tres días después de habernos separado de nuestros padres los Jemeres Rojos reunieron a todos los niños--probablemente había dos cientos o tres cientos niños a mi alrededor. Al otro lado de los campos había otros grupos de niños. Podía voltear y ver todas las cabezas negras en la selva. Todos teníamos mucha hambre; no nos habían dado nada de comida durante esos tres días de caminar sin parar.

Los Jemeres Rojos salieron de un camión grande y llamaban "niño," y luego "niña." Estaban separando a las niñas de los niños. Mi hermana se fue para un lado y mi hermano y yo nos fuimos para el otro. Ese fue el último día que ví mi hermana. Yo le dije, "Si consigues comida, ve con mi madre y padre primero. Y si yo consigo comida, yo iré con ellos primero."

Entonces Phon y yo juntos nos alejamos. Yo ví cientos de camiones de volteo en fila. Yo creí que quizas los camiones estaban ahí para transportar la comida a donde estaban nuestros padres. Los Jemeres Rojos nos dijeron, "Todos ustedes--no vayan a ninguna parte."

Mi hermano y yo permanecimos juntos todo el día. Ese día casualmente yo cumplía quince años.

Ellos llamaron a los chicos uno-a-uno, entonces nos empezaron a hacer preguntas. Ellos preguntaban, "¿De quién eres hijo? ¿Eres un estudiante? ¿Eres rico? ¿Eres Chino?"

Yo los escuchaba hacer preguntas a algunos niños. Yo escuché a uno responder, "Mis padres tienen una tienda de abarrotes."

Entonces los Jemeres Rojos preguntaban, "¿Eres un estudiante?" Si respondía que sí, ellos lo mandaban a un camión.

Entonces preguntaron a otro y él respondió que era campesino. A él lo mandaron a otro camión. Luego de haber sido cuestionados, se los llevaron en cinco camiones. Aún había más camiones en la fila.

Mientras yo estaba esperando mi turno, un niño de trece anos vinó y me dijo que él se había escapado del camión de los "educados." Me dijo que los Jemeres Rojos llevaban el camión lleno de gente hacia un pozo gigantesco que había sido hecho con una bomba. Entonces arrojaban a la gente al fondo del pozo que ya estaba lleno de cuerpos. El me dijo que cuando vió el pozo brincó fuera del camión y escapó a la selva. El había regresado para prevenirnos que no dijeramos que teníamos educación ni dinero. Ahora esperaba en línea con nosotros.

Llamaron a mi hermano y él dijo que era campesino. Fue mandado a un camión. Entonces me preguntaron a mí y yo dije, "Yo soy un campesino. Yo ayudaba a mi tío. Yo soy de Pailin." Ellos me mandaron al mismo camión que Phon.

Nosotros hablábamos en silencio en el camión. Yo dije, "Ellos nos ordenaron conseguir comida para nuestros padres. Han pasado ya tres días. ¿Dónde está la comida?"

El me dijo que no sabía. Miré hacia atrás mientras los camiones se iban. Muchos niños estaban todavía en fila. Estaba caliente; cien veinte grados. Los Jemeres Rojos nos dijeron que tomaríamos un descanso a las 6:00 p.m.

Aquella noche trepamos fuera del camión y nos dijeron que esperaramos. Los Jemeres Rojos se llevaron los camiones. Había miles de nosotros parados y sentados ahí. Yo miré a mi alrededor para ver a donde se había ido mi hermano, pero no lo pudé ver--había mucha gente en la selva.

Esa noche yo pensaba en mi mamá, mi papá y mi hermanito, como ellos creían que nosotros les íbamos a llevar comida. Yo no sabía como estaban. Me preguntaba lo que podrían estar pensando. Recordaba a mi familia juntos de la casa de mi tío.

La mañana siguiente los Jemeres Rojos llegaron conmigo apuntando con una AK-47 hacia el sur y me dijo, "Tú vete en esa dirección." Yo empezé a caminar con un grupo de personas muy grande.

Todo el día los Jemeres Rojos nos decían que siguieramos caminando y no pararamos. Dos horas más tarde, nosotros todavía estábamos caminando cuando vimos a otro grupo Camboyano detenido en frente de nuestro grupo. Los niños estaban tomando algún tipo de examen, uno a la vez. Después de cada uno tomar el examen, les dijeron que fueran a sentarse en secciones diferentes. Vimos muchos de los Jemeres Rojos armados caminando alrededor de la gente.

Entonces los Jemeres nos empezaron a llamar, otra vez uno a uno. Ese día empecé a darme cuenta que algo estaba terriblemente mal. Nos habían dicho que íbamos a recoger comida para nuestros padres. Ahora después de caminar tres días, estabamos tomando examenes.

Los Jemeres Rojos tenían una tienda de campaña y nos hicieron entrar en ella. El examen que nos dieron era simple. Ellos preguntaban si tú eras abogado, maestro, doctor, Chino, blanco o un estudiante. Si decias que sí, eras enviado para un lado, los campesinos eran enviados a otro lado.

Eventualmente, los Jemeres Rojos me llamaron, me sentaron y me hicieron preguntas cara a cara. La noche se acercaba. El muchacho que me estaba interrogando tenía unos doce o trece años. Parecía enfadado y portaba una AK-47 colgada de su hombro. El me preguntó dónde había nacido.

Yo dijé, "Pailin."

Otro soldado me gritó, "¿En qué trabajan tus padres?"

Yo les dije que mi madre y mi padre eran campesinos. Ellos me preguntaron dónde estaba mi rancho. Mi mente daba vuelta por el miedo. Les dije que la hacienda estaba a cinco millas de Pailin y que yo trabajaba con mi tío. Lo estaba inventando todo.

Me preguntaron, "¿Vas a la escuela?"

"No."

"¿Tienes algo de estudio?"

"No," mintiendo de nuevo.

Me preguntaron por qué no había ido a la escuela. Yo dije que era porque teníamos una rancho, estábamos pobres y tenía muchos hermanos y hermanas que cuidar mientras mis padres trabajaban. Ellos se me acercaron frente a mi cara, con ojos rojos y furiosos y me preguntaron si estaba mintiendo.

Yo contesté, "No, yo estoy diciendo la verdad."

Otra cara se acercó y empezó a gritar, "¿Eres Chino? ¿Son tus padres Chinos?"

Yo estaba temblando, y dije, "No, ellos son Camboyanos--nacidos en Camboya."

Finalmente los soldados dijeron, "Está bien. Por esta vez te dejaremos ir."

Yo dije, "Gracias," y me alejé viendo hacia el suelo para que no me llamaran otra vez.

Entonces me mandaron a un lugar donde había gente sin educación. Luego ellos fueron donde estaba un grupo de maestros con sus estudiantes y les dijeron que se sentaran en otro lugar, pero no con mi grupo.

Yo oí decir a los Jemeres Rojos a esta gente que si sus padres tenían tienda de abarrotes tenían que irse a un lugar diferente. Yo no entendía porque los Jemeres Rojos estaban haciendo esto. Yo me preguntaba porque estaban llevando a la gente educada a un lado y a la gente sin educación a otro.

Miré a mi alrededor y ví a miles y miles de gente sentada en un campo esperando las próximas ordenes de estos furiosos niño-soldados.

5

Mátenos Despacio
1975

Los Jemeres Rojos terminaron con las interrogatorios tarde ese día. Nos dijeron que hiciéramos de nuevo una fila. Ví camiones de volteo y suministros de ropa esperando en el campo. Llamaron a nuestro grupo para que nos acercaramos. Ellos nos dijeron, "Quítense la ropa, anillos, relojes, cadenas y aretes."

Los que portaban anteojos se les permitió concervarlos para que pudieran ver. Me pregunté porque los Jemeres Rojos les quitaron todo lo de color a la gente. Me pregunté porque estaban miles de personas en fila quitándose las alhajas.

Los Jemeres Rojos se pusieron en una fila en frente de nosotros. A cada persona en la fila se le daba un par de pantalones blancos y una camisa blanca. Luego nos dieron nuestro equipo de trabajo. Este consistía de una pala de unas sola hoja y dos cubetas con un barrote de bambú para colgarse del hombro. Una vez que todos recibieron sus ropas y su equipo, todos estaban vestidos de blanco.

Entonces miré a los jovenes soldados Jemeres Rojos vestidos de verde. Todos ellos portando armas. Los Jemeres Rojos nos dijeron, "Todos ustedes, no se preocupen. Les hemos quitado toda esa ropa de gente rica. Nosotros no necesitamos todas esas cosas de gente rica."

Ellos nos dijeron que desde ese momento todos éramos iguales. Que ya no había gente rica. Que todos comeríamos lo mismo y nos vestiríamos igual. Los Jemeres Rojos dijeron, "Estamos juntos ahora. No necesitamos gente rica, no necesitamos doctores ni tampoco gente inteligente. Nosotros nos haremos cargo de ustedes."

Después de esa reunión, los Jemeres Rojos nos dijeron que nos quedaríamos ahí hasta el próximo día. Ellos nos colocaron en grupos de treinta. Sin ningún líder. Todos éramos iguales.

Una vez que acomodaron a miles y miles de gente en grupos, le dijeron a mi grupo que mañana íbamos a trabajar. Nos recordaron que cuidaramos nuestro equipo de trabajo o estaríamos en problemas.

Nos encaminaron hacia un camión y nos llevaron como a una hora de camino. En aquella noche cuando me fui a dormir tuve que acostarme sobre tierra y ramas en el suelo. Nunca había hecho eso antes. Siempre había tenido una casa y una cama para dormir.

Yo pensaba en mi madre. Ella no sabía dónde estaba o si estaba vivo. Si me mataban, ella no lo sabría.

Temprano la mañana siguiente los Jemeres Rojos nos despertaron a todos. Ellos dijeron, "Tenemos que abanzar. Todos ustedes hagan una fila, luego nos vamos."

Entonces caminamos desde donde dormimos, por cuatro horas sin descanso. Yo me estaba muriendo de hambre. Todos los demas tenían hambre también, pero los Jemeres Rojos continuaban haciéndonos caminar. Ellos nos dijeron, "Vamos a caminar una hora más y luego descansamos."

Una hora más tarde llegamos a un lugar limpio en la selva donde había muchos soldados Jemeres Rojos de pie. Nos ordenaron parar ahí y nos darían algo de comer.

Entonces un grupo de Jemeres Rojos salieron con platos y tazones en sus manos. Detras de ellos había hoyas gigantescas, cinco por cinco pies, que eran usadas para cocinar sopa de arroz (arroz en agua).

Los Camboyanos eran escogidos para cocinar mientras los Jemeres Rojos estaban parados atrás de ellos con sus armas. Hasta entonces no sabíamos que los soldados comerían por separado. Ellos tenían buena comida: carne, arroz, legumbres, todo.

Los Jemeres Rojos daban un plato de sopa de arroz a cada persona. Habían miles y miles de personas que alimentar. Yo me dije, "Yo podría comerme al menos cinco o seis platos. Yo no he comido nada en las últimas veinte y cuatro horas."

En ese momento los Jemeres Rojos nos dijeron que teníamos que quedarnos ahí esa noche, y el día siguiente caminaríamos un camino corto y luego a trabajar. Ellos apuntaban hacia donde trabajaríamos. A lo lejos yo ví el río.

La mañana siguiente los Jemeres Rojos nos dijeron, "Levántense, vamos a trabajar."

Ellos nos llevaron cerca del río. Luego nos detuvieron para otra reunión. Ellos dijeron, "Ustedes escarbaran y llevaran tierra. Van a vaciar la tierra en el agua para contenerla. Vamos a construir una presa para poder tener una carretera que atraviese la selva.

Yo miré el río ancho y profundo. Apenas podía ver gente de blanco en el otro lado.

Los Jemeres Rojos nos dijeron a todos, "Su equipo de trabajo no puede ser reparado o arreglado cuando estemos trabajando. Si quebran su equipo, entonces serán llevados a una reunión."

En ese entonces no sabíamos que una "reunión" significaba que te llevarían para matarte.

6

La Presa
1976

Nosotros éramos forzados a trabajar todo el día, veinte y tres horas al día, con una hora para recostarnos a descansar. Nos daban de comer un plato de sopa de arrroz al día. Nos daban cinco minutos para comer. Cavábamos con nuestras palas y vacíabamos la tierra en las cubetas acuatadas. Cada cubeta tenía capacidad para unas veinte y cinco libras de tierra. Cuando estaban llenas, atrabezábamos el palo de bambú en nuestros hombros y caminábamos hacia el río.

El río era enorme y se movía muy rápido. El agua estaba llena de peces, serpientes y cocodrilos. Los Jemeres Rojos no planeaban usar madera, ni rocas o algo así como estructura. Nosotros solamente íbamos a echar tierra en la corriente de agua hasta que una presa fuera formada.

Yo me aproximaba al río con mi par de cubetas pesadas. Apenas podía ver miles y miles de camisas blancas al otro lado del río llevando sus cubetas hacia el río. Cuando llegaba a la orilla vaciaba mi tierra en el agua, el agua nomás se la llevaba como un remolino. Parecía como si hubiera vaciado algo de leche en el agua cafe.

Todo el día trabajamos así. Después de dos semanas y ninguna indicación de que la tierra estaba haciendo algo más que llevarsela el agua, muchos empezaron a hartarse del trabajo y empezaron a quebrar su equipo de trabajo pensando que con esto se escaparían de trabajar. Los Jemeres Rojos se acercaron a estos trabajadores y les dijeron que fueran a una "reunión de libertad" allá en la selva. Los demás seguimos trabajando.

Más tarde, cuando había tiempo para descansar, fui a la selva para ver por cuenta propia de que se trataban las "reuniones de libertad." Ahí en la selva ví los cuerpos muertos de los trabajadores que habían quebrado sus palas y cubetas.

Así trabajamos semana tras semana, y mes tras mes, en el mismo lugar. Al principio cuando teníamos que llevar la tierra a vaciar al río, la orilla del río estaba cerca. Pero como íbamos escarbando, el hoyo se hacía más hondo y se alejaba más. Pronto el hoyo estaba tan lejos que teníamos que entrar caminando en el hoyo en fila para llegar a la tierra fresca. Después de llenar nuestras cubetas, subíamos una loma muy inclinada en otra fila.

Miles de gente hacían esto todo el día. Yo me mareaba de ver a la gente y ver a los Jemeres Rojos parados encima de nosotros con sus armas. Vestidos con buenas ropas y sus impermeables, ellos cambiaban en turnos. Miles de soldados viendo cada movimiento que hacíamos. Si tu hacías algo malo, te llevaban a la selva.

En la noche el area de trabajo estaba alumbrada por pequeños focos. La electricidad venía de un generador impulsado por el río. Mietras el hoyo crecía, la orilla del río crecía. Teníamos que bajar a escarbar y subir para vaciar nuestra carga. Llevando cargas de cincuenta libras, subíamos una loma empinada que tenía al menos doscientos pies de alto.

Al principio la gente cantaba y caminaba con energía. Después de dos meses se acabaron los cantos. La gente caminaba despacio, con sus cabezas agachadas.

Nosotros empezamos la presa en mayo y todavía en agosto estábamos trabajando todo el día cuando empezaron los monzones. La lluvia en Camboya durante los monsones era muy intensa y no paraba. Llovía cada hora del día y la noche. La tierra ahora era un mar de lodo y teníamos que subir esa loma empinada, descalsos y cargando esas cubetas tan pesadas, lo que era casi imposible. La gente se resbalaban y deslizaban, siempre calléndose sobre los demás. Si te caías, era difícil levantarte. Los Jemeres Rojos nos gritaban que nos levantáramos.

Nosotros cada vez estábamos mas débiles, pero los Jemeres Rojos seguían gritando que trabajáramos más duro. Yo sabía que necesitaba comida o muy pronto moriría.

Yo calculaba que cinco mil personas habían muerto de hambre desde que llegamos a este terrible lugar de trabajo. Todos los días la gente se caía y no eran capaces de ponerse de pie. Si ellos no se levantaban, los arrastraban y eran echados a un camión de volteo con vivos y cuerpos muertos.

Todos los días estos camiones esperaban al lado de nosotros por los que no podían trabajar. Entonces ya sabíamos a donde los llevaban los camiones. Hoyos muy grandes habían sido creados con bombas (a los Jemeres Rojos no les gustaba usar palas). Los camiones eran llevados hasta estos hoyos y de reversa vaciaban los muertos y vivos dentro de una fosa común.

Como la presa crecía, el río se hacía mas angosto, el agua aumentaba e iba más y más rápido, llevándose con ella la tierra de los lados de la presa.

Yo había estado trabajando así como por ocho meses. (Esto es un cálculo porque contaba el tiempo con el sol y a memoria; no había relojes ni calendarios.) Mis ropas se estaban desintegrando en mi cuerpo. Este era la unica ropa que tenía por eso tenía que tener cuidado de no romperla aún más.

Yo miraba mi cuerpo y podía ver que era puro pellejo con huesos. Cuando veía a mis amigos, sus ojos estaban sumidos en sus rostros; solo huecos negros, piel con huesos mirándome fijamente.

7

La Inundación
1976

Un día, una enorme nube negra nos cubrió y la lluvia se sintió más fuerte que nunca. Inesperadamente la barrera de tierra en el río empezó a derrumbarse. Había miles de personas cerca o bajo la barrera de tierra. Yo estaba a medio camino en la barrera, alistándome para vaciar mi carga de tierra, cuando la parte de abajo se derrumbó, sepultando apresuradamente todo lo que se encontraba en el camino. Abajo de mi ví mil personas desapareser bajo el lodo cafesoso. Yo me colgué en un lado de la barrera intentando no resbalar.

El agua detrás de la presa, que había estado subiedo todos los días, de repente derribó la presa por completo y siguió rápido adelante, llevándose trabajadores y toda la tierra que habíamos vaciado en el agua.

El agua barrió con toda la gente tan rápido que no tuvieron oportunidad de escapar o ser rescatados. No había forma de nadar hasta la orilla. Todo aquel atrapado en el agua se ahogó. En un minuto más de mil personas perdieron sus vidas.

Yo no pudé hacer nada para ayudar. No me pudé mover por miedo a caerme al agua. Solo quedé temblando de horror por lo visto.

Todo el trabajo hecho por ocho meses fue lavado. El río se veía como antes de que llegaramos.

El lodo al lado de la presa rapidamente había cubierto a los trabajadores. La mayoría no tuvieron aviso alguno y fueron enterrados vivos en un instante. En un segundo ellos trataban de trepar la loma de lodo y el próximo ellos estaban muertos. La escena era terrible, todos los que estábamos vivos gritábamos de horror.

Los Jemeres Rojos no sabían que hacer y nos empezaron a gritar que comenzaramos a sacar la gente enterrada. Muchos de sus soldados fueron atrapados en el derrumbamiento de tierra. Empesamos a excavar, pero muchos de los trabajadores estaban desaparecidos por eso no podíamos sacar a la gente tan rápido.

Media hora más tarde, los Jemeres Rojos llegaron con más trabajadores. Nosotros no supimos de donde habían venido. A esta gente le ordenaron vajar al hoyo y sacar la tierra. Al igual que yo, ellos estaban muy asustados. Mientras excavaban en la tierra, ellos se iban encontrando con los cuerpos recién muertos. Estos eran sacados y echados a los camiones de volteo.

Cuando observé el nuevo grupo de muchachos, ellos se estaban muriendo de hambre como nosotros. Otra vez, no había niñas en ese grupo nuevo. Todos eran pura piel y huesos, así como yo y los que habían muerto.

Los Jemeres Rojos estaban muy enojados con nosotros después de que el agua se había llevado la presa. Ellos habían perdido muchos soldados y nos culpaban por ello, aunque nosotros no hubieramos hecho nada malo. Nosotros habíamos trabajado muy duro cada hora, todos los días. Sin aflojar. Sin comer ni dormir. De igual manera, ellos estaban enojados con nosotros.

Aquel día fue uno de los peores días cerca de los Jemeres Rojos. Si tú hacías algo fuera de lo normal, los soldados te llevaban y te golpeaban hasta la muerte. Si decías algo, te llevaban también. Nosotros solamente trabajábamos con la cabeza hacia abajo.

Más tarde ese mismo día, algunos Jemeres Rojos estaban sentados llorando por la muerte de sus soldados. Por su muerte ellos nos pusieron a cavar tumbas y crear montículos bien nítidos para las tumbas. Mientras tanto, nuestros muertos eran aventados en los camiones, transportados y arrojados en hoyos hechos por bombas.

Esto me enfureció. Era nuestra costumbre quemar nuestros muertos para que el espíritu fuera liberado. Un cuerpo enterrado no podría liberar su espíritu; sus fantasmas se pasearían por siempre en este lugar terrible.

Yo veía a los Jemeres Rojos llorando y gritandonos que cavaramos más tumbas para sus muertos. Yo quería pelear con ellos, pero no había nada que yo pudiera hacer. Ellos tenían armas. Ellos estaban fuertes. Todo lo que podía hacer es orar para que nos llegará ayuda.

Todos los días yo trabajaba de esa manara. Yo trabajaba y oraba todos los días, todo el día, en todo momento. Yo oraba a todas las almas, todos los ángeles, a todos los que me conocían, a todos, para que vinieran a ayudar.

No había manera de escapar de los Jemeres Rojos. Habían tantos de ellos cuidándonos. Ellos trabajaban en turnos para que nunca fueramos dejados solos. No había manera de parar el trabajo interminable. Si parabas de trabajar te morías.

Como mi cansancio aumentaba, mi cerebro empezo a morir. Ya no pensaba en mi familia. Todo lo que pensaba era en un cucharón de arroz con sal, y cuidar mi equipo de trabajo para que no me mandaran a una "reunión de libertad."

Yo tenía hambre todo el tiempo, pero no podía decir nada a los demas trabajadores. Si los Jemeres Rojos te oían quejarte te llevaban y te mataban. Con mis amigos, de lo único que podíamos platicar era de trabajo. Teníamos que tener mucho cuidado de lo que decíamos alrededor de los Jemeres Rojos, decíamos cosas como, "Si tragajamos duro nos darán más comida."

Esto hacía sonreír a los soldados.

8

Los Campos de Arroz
1976

Una mañana, un soldado Jemer Rojo nos reunió a todos. Nos dijo, "Tenemos un nuevo trabajo para ustedes," pero no dijo cual era.

Eso me dió miedo. Le pregunté a mi amigo, "¿Qué tipo de trabajo? ¿Estamos muertos o vivos?"

Entonces los Jemeres Rojos dijeron a mi grupo de trabajadores que colocaramos nuestro equipo en un camión de descarga y que subieramos en él.

En ese instante me dije, "Estoy muerto." Yo creí que quizás me tirarían en algún lugar. Todos nosotros rezábamos. Yo le rezába a mi mamá y papá, abuelo y abuela, a todo aquel que me conocía para que no me tiraran en algún lugar. Nos veíamos las caras unos a otros; parecían caras de fantasmas, como si ya estuvieran muertos. En ese momento extrañé a mis padres y a mi familia.

Caminamos hasta el camión. Parado ahí me dí cuenta que no tenía la fuerza par subir al camión. En la escuela había practicado Tai Kwan Do y podía brincar y patear muy alto, pero en ese día, estaba tan debil que mis amigos me tubieron que ayudar a subir al camión de acero. El acero me lástimo los huesos cuando caí dentro.

Nuestro grupo de trabajadores sentados platicaban en voz baja. Yo me preguntaba a dónde nos llevaban y que habíamos hecho mal. Estábamos seguros que nos matarían. Yo seguía pensando en la gente que se había llevado el agua en la inundación. Si cerraba mis ojos, la imagen del lodo y los cuerpos llenaban mis pensamientos.

Yo observaba a los Jemeres Rojos parados alrededor de nosotros; ellos sonreían tirándose pedos. Olían mal de comer tanta comida buena. Ellos nos apuntaban y nos dijeron que nos sentaramos en la plataforma a los lados del camión. Ellos en línea nos apuntaban con sus armas.

En ese momento yo estaba seguro que era el final pero no sabía que hacer. No podía hablar con los demas, entonces hablaba solo. Si brincaba del camión y corría, estaba muerto. Si me quedaba ahí en el camión, estaba muerto. La gente en los camiónes siempre eran tirados en los hoyos grandísimos.

Empezamos a movernos rebotando y golpeándonos atrás en el camión. Teníamos que agarrarnos unos de otros para no salirnos. Durante el viaje, yo pedí por todos; sólamente rezaba, rezaba y rezaba.

En dos horas el camíon dejó la selva, llegó a unos campos y se detuvó. Nosotros vimos campos de arroz gigantescos. No podiamos verles el final. Nos detuvimos junto a uno de esos campos. Había al menos veinte camiones de volteo en línea. Los Jemeres Rojos detuvieron nuestro camión y dijeron que íbamos a tomar un descanso.

Yo estaba muy asustado. Yo creí que estábamos cerca de ser asesinados. Había un montón de Jemeres Rojos esperándonos con sus armas. Yo empezé a llorar pero no salían lagrimas de mis ojos. Nos indicaron que saliéramos y fueramos con unas personas en un campo. Yo creí que habría un hoyo grande o algo así.

Yo le dije a mi gente, "Este es mi día de morir, es nuestro día de morir. Cuando mueramos, lo haremos todos juntos. Hoy hemos terminado en esta tierra. Pronto estaremos en el cielo."

Caminamos hacia los Jemeres Rojos. Ellos nos preguntaron como estabamos y respondimos, "Estamos felices."

Ellos contestaron, "Bueno," y nos dijeron que hiciéramos una línea. Yo sabía ahora que estabamos muertos. Cuatro o cinco soldados se acercaron y nos dijeron, "¿Saben por qué están aquí?"

"No."

"Ustedes están aquí para trabajar estos campos."

Wou. Yo estaba mucho mejor que les dije a mis amigos en voz baja, "¡Hey! Este es nuestro nuevo trabajo. ¡Genial!"

Nos juntamos para que los Jemeres Rojos nos dijeran que hacer en nuestro nuevo trabajo. Ahora estábamos contentos de estar ahí porque nuestro trabajo anterior de excavar tierra era muy difícil. Por un momento había un sentimiento de alivio. Entonces ellos nos dijeron que amontonáramos nuestro equipo y pensé, "Oh, oh, algo está mal. Quizas esta sea sólo una trampa."

Ellos apuntaron y dijeron, "¿Vén aquel camión de volteo? Ese transporta algo."

Ellos no dijeron que era ese "algo." Entonces todos los grupos de trabajadores caminaron hacia el campo. Todos estábamos descalsos sin sombreros. Fue media hora de camino hasta aquel campo. La selva había estado fresca, pero el campo estaba caliente.

El hierba estaba afilada y nos cortaba los pies. Teníamos que doblar los dedos de los pies y pisar la hierba al caminar. De esta manera se doblaba la hierba en lugar de hacernos trizas los pies. Mientras caminábamos de esta manera, una fila de camiones aguardaba por nosotros al lado del campo.

En aquella noche los Jemeres Rojos nos dieron sopa de arroz con muy poquito arroz; apenas podiamos ver el arroz. También nos dieron un pedaso de sal de piedra. Nosotros aventábamos los platos al lado de la carretera para que los Jemeres Rojos los juntaran. Pronto había moscas grandes en todas partes, pegadas a los platos.

Nosotros dormimos en el suelo de la jungla cerca del campo. Los Jemeres Rojos durmieron en hamacas con impermeables para protegerlos. Llovió muy fuerte esa noche, por eso dormimos juntos, con nuestras cabezas juntas tratando de mantenernos calientes. Esa noche hablamos de el derrumbe de la presa, la gente que se murió, del frio y lo mojado.

9

Los Campos Fantasmas
1976

Nos despertaron a la 6:00 a.m. y sin desayuno nos separaron en varios grupos y en muchos campos diferentes. Tenía que haber como unas mil personas. El arrozal tenía cien metros de largo por cien metros de ancho con una pequeña loma de tierra alrededor. Los Jemeres Rojos caminaban alrededor en caminos de tierra. Nos dijeron que los campos tenían que ser limpiados. Yo pensé, "Esto va a estar bueno, finalmente tendremos aire fresco."

Mi grupo de treinta camino hacia el campo de arroz. Los Jemeres Rojos nos dijo que pronto estaríamos plantando arroz, pero primero teníamos que limpiar toda la basura y los escombros que fueron llevados hasta ahí por las inundaciones. Yo me asomé al campo y podía ver ropas blancas de trabajadores que ya estaban allá.

Nosotros empezamos a limpiar. Al principio fue facil. Levantamos escombros y madera, pero luego me di cuenta de algo que no me gustó. Al caminar hacia el campo me dí cuenta que la gente de blanco eran cuerpos flotando en el agua. Algunos estaban boca abajo, otros de espalda.

Los Jemeres Rojos nos gritaron desde el otro lado del campo. Nos dijeron que recogieramos los cuerpos y los pusieramos en un camión de volteo. Miramos alrededor y nos dimos cuenta que el campo estaba lleno de cuerpos blancos cubiertos de moscas azules.

Le dije a mi amigo, "¡Levántalos!"

"¡NO! Levantalos tú."

El Jemer Rojo grito, "¡Todos ustedes levantenlos--ayuden a levantarlos!"

Intentamos levantarlos pero estaban pesados e hinchados. Intentamos moverlos, pero no podíamos. No teníamos fuerza ni energía para hacerlo.

Un niño al lado de nosotros agarró un brazo e intentó mover el cuerpo. El con todas sus fuerzas haló y haló. De repente el se trajó el brazo en sus manos. Este niño se cayó en el agua sujetando el brazo.

Otro niño intentó sacar un cuerpo de la pierna. La pierna también se la sacó y cayó al agua.

Mi amigo y yo fuimos hasta donde estaba un cuerpo. Cada quien lo agarró de un brazo para poder arrastrarlo. Mientras halábamos de los brazos, los dos se le salieron del cuerpo. Yo pensé que me iba a vomitar. Miré hacia donde estaban los Jemeres Rojos que me estaban viendo. Actué como si todo estuviera bien.

Dos más de los de mi grupo agarraron un cuerpo de las piernas y también se las sacaron. Los cuatro estábamos de pie sosteniendo pedazos de cadáver. Los Jemeres Rojos nos gritaron que trajeramos los pedazos al camión. Ellos traían tapones para la nariz por el olor terrible.

Cada cuerpo que movíamos se hacia pedazos. El trabajo era tan detestable que muchos de mi grupo caían mareados. Intentábamos ayudarlos a levantarse, pero los Jemeres Rojos nos gritaban que no ayudáramos a los que se caían.

El campo estaba hirviendo con miles y miles de moscas azules. Las moscas azules estaban gordas de comerse a los cadáveres. Las moscas también estaban cansadas y se paraban en nuestra cabeza para descasar. Nosotros movimos cadáveres de esa manera por seis horas consecutivas. Se veían horrible, con circulos negros alrededor de sus ojos, el estómago hinchado, pedasos de carne cayéndose. Después de varias horas los Jemeres Rojos nos dijeron que descansaramos.

Caminamos hacia la orilla y me fijé que había ranas muy pequeñitas brincando en el pasto. Atrapé una y la pusé en el pliegue de mis pantalones. Me la comería mas tarde esa noche. Si comíamos algo en frente de los Jemeres Rojos nos mataban.

Depués de un pequeño descanso nos dijeron que regresaramos a trabajar. Mi ropa estaba mojada y sucia de estar trabajando en el agua todo el día. Mientras limpiábamos el campo noté que algunos de los cadáveres tenían ropa mucho mejor que la mía. Varios de sus camisas y pantalones estaban en buen estado. Yo quería cambiar mi ropa por la de ellos pero tampoco podíamos hacer esto. Los Jemeres Rojos estaban en todas partes. Le dije a mi amigo que la camisa de un cadaver estaba muy buena, mientras la mía estaba horrible y rotá.

Mi amigo me dijo, "No la tomes, no te pongas esa camisa o los Jemeres Rojos te matarán."

Limpiamos un campo tras otro. Cuando descansamos a las 6:00 p.m., calculamos que habíamos sacado como seis cientos cadáveres y todavía no terminábamos. Voltié a ver los otros campos y noté que habían grupos de trabajadores en todos los demás campos encontrando cuerpos. Todos los campos eran iguales, con agua lodosa, verde-amarillenta, y rodeados con tierra donde los Jemeres Rojos estaban con sus armas de fuego.

Estábamos sedientos y teníamos que tomar el agua sucia de esos campos. Yo sostenía mi camisa sobre la superficie del agua y sorvía a través de ella.

Algunos miembros del grupo estaban agotados y desolados para seguir levantando cuerpos. Si se caían en el campo los Jemeres Rojos decían, "También pongan a ese en el camión."

Tratábamos de pararlo, pero si caía de nuevo, se nos ordenaba que lo sacaramos. Los Jemeres Rojos se paraban en el bordo del campo, que estaba seco, gritándonos que cargaramos a nuestro amigo fuera del campo y lo aventaramos en el camión, aún vivo, con los cadáveres.

10

Aguanta
1976

Todos los días realizábamos este terrible trabajo. De alguna manera me acostumbré a estar con los cadáveres y dormir al lado de ellos en la noche. Cuando los aventábamos en los camiones yo hablaba con ellos amablemente y les decía, "Adios. Ustedes se van primero y yo me iré después. No sé cuando."

Cuantos miles de muertos terminaron en estos campos, no lo sabíamos. Mi grupo levanto mil ocho cientos cuerpos en cinco días. Había más de cien camiones de volteo esperando a la orilla del campo.

La quinta noche los Jemeres Rojos nos llamaron a comer y nos dijeron que el total de todos los grupos era cuatro mil quinientas personas. No podíamos hacer preguntas; nadie preguntaba nada a los Jemeres Rojos.

Nosotros aún teníamos treinta trabajadores en mi grupo. Un grupo nada más le quedaban quince. Esta gente ya no podía caminar o limpiar el campo. No podíamos ayudarles. Los Jemeres Rojos se los llevaron a estos quince a algún lado para tirarlos.

Ellos nos avisaron que si alguien se enfermaba, no lo ayudaramos, "No los toquen."

Los Jemeres Rojos nos dijeron que ellos se encargarían. Entonces nos dijeron que si nos enfermábamos y no podíamos trabajar, éramos historia. Nos dijeron que fuéramos a comer, así que nos fuimos a comer a la orilla del campo, nuestro plato de sopa de arroz, después nos fuimos a dormir ahí mismo al lado del agua por esa noche.

Esa noche platiqué con mi amigo. Le pregunté como estaba. El me dijo, "Nada bien."

Yo le dije, "Aguanta. En pocos días iremos a otro lugar."

El dijo, "No está bien. Está muy apestoso caminar alrededor de los muertos."

Yo le dije, "Yo también apesto. Tú comes arroz; yo como arroz; Yo tomo agua en el campo como tú; Yo duermo al lado de cadáveres con mi ropa mojada. Aguanta. Reza para que alguien venga a ayudarnos; no se quien ni cuando, pero vendran."

Le dije que era bueno para nosotros ayudar a limpiar los cuerpos; que quiza eran el hermano o la hermana de alguien.

La mañana siguiente, nos llevaron a otro lugar donde vimos muchas moscas grandes azules. Mi amigo caminaba delante de mi y vió el motivo de esa nube de moscas azules. Había un hoyo muy grande con sesenta a cien personas apiladas dentro de él. Todas sus ropas eran diferentes, no eran blancas como las nuestras.

Al estar parado viendo el hoyo, los Jemeres Rojos llamaron a mi grupo para que se reuniera. Yo corrí hasta el final de la línea. Estaba muerto del susto. Si me veían parado mirando el hoyo, estaba muerto.

Ellos nos empezaron a llamar por nuestro nombre. Yo debía estar parado a media fila. Cuando llegaron a mi nombre, yo grité desde atrás de la línea que yo estaba al final. Los Jemeres Rojos entonces siguieron con el siguiente nombre. Todavía estaba vivo.

Fuimos a trabajar a seguir limpiando el campo un poco más. Ellos nos dijeron que todos los campos tenían que ser limpiados. Si no estaban listos ese día, estaríamos en dificultades, así que seguimos trabajando. Todos los de mi grupo trabajaron lo más duro que podían en el lodo, con las moscas y el calor para sacar los últimos cuerpos fuera del campo. Algunos apenas podían andar. Unos estaban muy enfermos y mareados, a un solo día del camión ellos mismos.

En ese dia de 1976, ya tenía dieciséis años. Ya había sobrevivido dos años en los Campos de la Muerte. Con mis ojos juveniles ya había visto todo tipo de cosas terribles. Yo había dormido con cadáveres los había hecho mis amigos. Me había tomado el agua donde ellos estaban tirados.

Yo me dije que si yo no había muerto como ellos, entonces tenía que continuar. Yo pensé en el futuro y continuaba orando. En cada esquina del campo yo rezaba para que alguien viniera a ayudarnos a mi y a mis amigos a salir de este horrible lugar y conseguir la libertad. Todos rezábamos de esa manera todo el día, todos los días.

En el último día de limpiar cadáveres, me acordé de mi maestro en la escuela, como él me dijo que siempre hiciera el bien a toda la gente. Yo había entendido sus consejos. Yo me dije que quiza yo había hecho cosas buenas en mi vida anteriormente, y esa era la razón por la cual yo aún estaba vivo, que quizas si no hubiera hecho cosas buenas ya estaría muerto.

Yo le rezé a Buda y a todos los que les había hecho el bien. Rezé para que no permaneciera sumido en el lodo y el agua verde-cafesosa de estos campos hasta mi muerte.

Mis ojos eran ahora grandes huecos en mi cara. Yo podía ver mis huesos y mis costillas. Cuando me senté ese día mis rodillas me llegaban a mis oidos.

Yo miraba al los Jemeres Rojos riendo y jugando juegos en sus refugios. Ellos estaban fuertes, dormían mucho y comían todo tipo de comida saludable.

Yo pensé, "Ellos nunca morirán."

11

El Ruido de la Muerte
1977

La mañana siguiente, un día después de terminar nuestro proyecto, ví que el campo que habíamos terminado de limpiar había enverdesido con manojos de arroz. Estaban en todas partes. Yo me preguntaba como había pasado. No sabíamos si otro grupo había trabajado durante la noche llenando el campo con los manojos.

Los Jemeres Rojos nos llamaron y dijeron que el campo estaba listo para ser plantado. Entonces ellos nos enseñaron a plantar arroz. Nuestro trabajo era desapartar los manojos y luego plantar cada tallo de arroz en el lodo. Teníamos que plantarlos caminando hacia atrás a través del campo. Nos entrenaron a meter la planta de arroz en el lodo con nuestros pulgares.

Todos entramos al agua. Rápido nos dimos cuenta que plantar y caminar hacia atrás inclinados, en el calor, agua sucia y lodo, era terrible. Todos nosotros nos mareamos, lo que era peligroso porque si te caías y no podías ponerte de pie, te llevaban al camión.

Algunos nunca antes habían plantado arroz y lo hacían mal. Si metían las plantas mal, las plantas no se mantendrían en el suelo y flotarían en el agua. Los Jemeres Rojos nos dijeron que todos aquellos que no plantaban bien, no les debía gustar la libertad. Si ellos plantaban muchas plantas mal, estaban perdidos. Yo era uno de los que nunca había plantado arroz anteriormente y tenía que estar muy atento de no hacer algún error.

Antes de empezar a plantar los campos, yo creía que sacar los cadáveres era el peor trabajo. Como se vio después, plantar los campos de arroz era aún peor. Yo sacaba cada planta del manojo, la metía al lodo, luego emparejaba el lodo con mi pulgar. Inclinado en el calor espeso con el olor a muerto en el aire, era muy difícil no vomitarse.

Nosotros caminábamos hacia atrés todo el día, plantando en forma de triangulo. Si te equivocavas plantando en línea recta, eras llevado al camión. Algunas personas se enderezaban después de varias horas plantado y estaban tan mareados que se desmayaban y caían en el agua.

Mi grupo tenía ocho personas que no sabían como plantar. Los Jemeres Rojos apuntaban preguntando, "¿Por qué plantas así?"

Mis amigos decían, "Yo nunca he plantado antes."

El Jemer Rojo, "A ustedes se les enseñó, ¿Entonces, por qué las plantas estan flotando? Están desperdiciando comida. Ustedes tienen que plantar estando más cerca del suelo."

Ese día se llevaron a ocho. Yo no pudé decirles adiós. Nada. Nunca volví a ver estos amigos.

Yo voltié a ver como estaba plantando la gente el arroz ese día. Algunos estaban callendo al caminar para atrás. Los Jemeres Rojos corrían en la orilla encima de nosotros y les gritaban. Los trabajadores intentaban levantarse. Parecía que estaban borrachos. Sus amigos trataban de cargarlos y levantarlos cuando caían. Algunos de ellos volvían a caer.

Los Jemeres Rojos no querían que se ayudaran entre los trabajadores. Ellos gritaban que se alejaran de los caidos. Ellos llamaban a otros de sus soldaldos para que se llevaran a los que habían tratado de ayudar. Más tarde ese mismo día, cuatro Jemeres Rojos llegaron y levantaron a la gente que se había caído, los arrastraron hasta el camino y después a la selva. Ese día ví de quince a veinte personas ser arrastrados lejos de ahí.

Mis amigo y yo trabajamos muy duro asegurándonos que todo lo que hacíamos estuviera correcto. Mientras caminaba hacia atrás, yo pensaba en esa pobre gente y me empecé a marear. Yo casi me caía, pero mi amigo me ayudó y me sostuvo de pie. Me preguntó que había pasado. Le dije que estaba mareado y que no podía ver. El me dijo, "No pienses en nada, sólo cuídate tu mismo."

Le dije, "No hay derecho; algunos no tienen experiencia plantando."

Para saber la hora, yo observaba el sol moverse ese día y calculé que los Jemeres Rojos se llevaban de tres a cuatro personas cada hora.

Yo me decía a mi mismo, "Aguanta; mañana estaré muerto, pero por ahora aún estoy vivo."

Le dije a mi amigo, "La gente que se llevaron no tuvo suerte. Tú me ayudas y yo te ayudo. Si yo caigo, ayúdame a levantarme. Tenemos que orarle a todo; a la selva, a mamá y papá, a los animales, a todo para que vengan a ayudarnos."

Le dije a él, "No tenemos comida para comer, sólo el agua sucia del campo para beber. Si ves algo en el agua que se te acerque, atrápalo y cómetelo."

A partir de entonces, si una mosca se paraba en nuestra cara, nos la comíamos. A veces teníamos suerte y hallábamos un pez. Estos los metíamos en el doblez de los pantalones para comerlo después en lo obscuro. Algunas noches compartía con mi amigo un pescado del tamaño de un dedo.

Nosotros continuábamos trabajando en el campo todo el día, todos los días, en el frío o el calor sin importar el clima. No teníamos ropa de repuesto. Nosotros rezábamos todo el día para que lloviera porque los Jemeres Rojos huían cuando llovía y nosotros podíamos descansar ahí parados en el campo. Nunca nos permitían sentar.

Algunas veces la lluvia era muy intensa. Si se ponía demasiado hondo de agua para ver la planta de arroz, la cual tenía como nueve pulgadas de altura, no podías plantar. Entonces estábamos felices.

Un día los Jemeres Rojos llamaron a todos a una reunión. Nos dijeron, "¿Alguien quiere ir a su pueblo?"

Dijimos, "Sí, queremos ir a casa."

Ellos nos preguntaron que si alguien tenía hambre.

Respondimos que sí teníamos hambre.

Ellos se burlaron de nosotros, "Entonces, ¿qué van a hacer al respecto?"

Los Jemeres Rojos nos dijeron que estábamos ahí para plantar arroz y construir presas para regar los campos. Ellos dijeron que si hacíamos eso y terminábamos entonces podríamos ir a casa y tener libertad.

Ese día pregunté a un Jemer Rojo si podía hacer una pregunta. El me dijo, "Sí." Mi amigo y yo hablábamos en voz baja. Yo le decía a mi amigo, "¿Le preguntó si nos pueden dar más comida?" Mi amigo me dijo, "Si pides más, podrían matarte."

El Jemer Rojo me dijo, "¿Cuál es tu pregunta? Habla rápido."

Yo pregunté si yo podría tener más comida para mi grupo.

El me preguntó, "¿Qué comida?"

Le dije, "Arroz. Hemos estado comiendo sopa de arroz todo el tiempo; no carne."

El me dijo, "¿Quieren comer arroz? ¿Cómo lo van a conseguir? Apenas plantaron el arroz. Tienen que esperar tres meses para que cresca y tengan semilla."

Esa noche llovió y los Jemeres Rojos dijeron que el agua estaba muy alta y que descansarámos hasta que el agua bajará. Ese día todos los trabajadores estaban descansados.

Cada grupo era vigilado por un grupo diferente de Jemeres Rojos. Yo continuaba pensando acerca de esto. ¿Qué podíamos hacer? Estábamos en medio de la jungla. Ninguno de nosotros sabíamos como salir de ella. Nosotros sabíamos que si intentábamos escapar serviríamos de alimento para los animales.

Algunos Jemeres Rojos eran más buenos que otros. Algunos de ellos comían pulmones de gente.

Un día caminaba hacia atrás en lo obscuro y agua sucia. Dí un paso hacia atrás y caí encima de algo en el agua. Bajo mis piernas estaba un cadaver. Esto me asustó.

Los Jemeres Rojos llegaron y preguntaron que es lo que me pasaba. Les dije que yo estaba bien. Ellos le dijeron a mi grupo que levantaramos el cuerpo y lo llevaramos a el camión. Cuatro de nosotros cargamos el cuerpo hasta el camión. Este estaba recien muerto y no se desintegro cuando lo levantamos.

Mi corazón se sintió pesado y enfermo ese día. ¿Por qué lo habían matado? El sentimiento de desesperación atacó mi corazón como una piedra. Esa noche me acosté pensando que yo no podría seguir de esta manera, que probablemente estaría muerto el siguiente día.

Esa semana me hice un nuevo amigo y cuidadosamente le enseñé a plantar arroz y atrapar comida. De noche platicábamos y compartíamos el pequeño pescado atrapado y escondido en nuestro pantalones. Esto nos mantenía vivos.

Un día mi amigo plantó mal una planta de arroz. Cuando metió la planta en el lodo, no apretó bien el lodo alrededor de la base de la planta. La planta de arroz flotaba por encima del agua.

Los Jemeres Rojos llegaron y le dijeron, "¡No te gusta trabajar aquí porque tu planta no se mantiene en el suelo!"

Se lo llevaron diciéndole que no valía la pena. Le dijeron que estaba desperdiciando las plantas de arroz. Mientras se lo llevaban de el campo, él me miraba. Yo no podía hacer nada por él. El era mi amigo y ahora se había ido.

Mi corazón se me cayó ese día. Esto era injusto. Todo era injusto. No había nada que yo pudiera hacer. Los Jemeres Rojos nos vigilaban a cada minuto. No había forma de escapar.

Yo trabajé plantando duro ese día, asegurándome que la planta quedara firme en el lodo. Como yo no podía hacer nada por nadie, solamente me cuidaba yo mismo, trabajando duro, siempre preguntándome cuanto más duraría mi vida.

Cada vez que volteaba, los Jemeres Rojos se llevaban más gente de el campo. Yo agachaba mi cara y seguía plantando. Yo rezé pidiendo ayuda. Me preguntaba como podía escapar. Yo sabía que estaba lejos de la ciudad. Yo nunca había estado en la selva solo. Yo sabía que me perdería y nunca hallaría el camino a mi casa.

Aquella noche cuando tomé mi descanso para comer sopa, podía oir los animales de la selva haciendo sus sonidos. Yo hablé con ellos esa noche. Ellos eran libres. Les agradecí por su libertad. El sonido de sus voces cantando y hablando me dieron un poco de esperanza. Yo podía ver los monos brincando en los árboles. Había pajaros coloridos, grandes y pequeños. Ellos eran libres. Tenía que haber una manera de salir de este lugar.

Desde el amanecer hasta la puesta del sol, plantábamos en el campo. Todos los días la temperatura rebasaba los cien grados. El aire era tan caliente que las plantas que no tocaban el agua se secaban. Si las frotabas en tus manos se convertían en polvo.

A causa del sol tan intenso, los Jemeres Rojos portaban grandes sombreros para proteger sus cabezas de el calor y las moscas. Ellos nos vigilaban por una hora antes de ser relevados y mandados a sentar en la sombra. Mi grupo trabajaba en los campos sin sombreros, con la cabeza descubierta, con las manos descubiertas, descalzos, sin protección de el calor tropical todo el día.

Nosotros estábamos siempre sedientos y teníamos que tomar el agua que se encontraba en los campos. No había más agua. Tenía miedo de enfermar, pero nunca me enfermé. Pensaba en el río y la presa y quería regresar a escavar tierra de nuevo.

Todo el día en el campo yo oía un zumbido en mi oido. Cuando me tapaba los oidos, desaparecía. Cuando quitaba mis manos, el zumbido regresaba. La gente a mi alrededor me dijo que ese zumbido era el sonido de la muerte. Me dijeron que moriría pronto.

Yo ya lo sabía. Ya no tenía energía en mi cuerpo; mis brazos y piernas eran puros huesos con piel. Yo necesitaba más comida o me iba, ¿Pero cómo? Yo no podía caminar fuera del campo a la selva porque éramos vigilados veinticuatro horas por los Jemeres Rojos para evitar que escaparamos.

Esa noche dormimos en la tierra al lado del campo. El pasto cerca de nosotros estaba lleno de saltamontes. Yo me comí todos los que pude atrapar.

"Buena medicina," le dije a un nuevo amigo. Reimos y comimos saltamontes juntos. Le dije que los saltamontes matarían todos los germenes y cosas malas del agua cochina.

Un día, este nuevo amigo dijo que tenía un dolor de cabeza y quería dormir. Yo le dije, "No te sientes, el Jemer Rojo te está vigilando, él podría llevarte."

El dijo que tenía un dolor de cabeza tan fuerte que ya no podía estar de pie. El sólo quería recostarse. Pronto se recostó en el campo. Traté de levantarlo y cubrirlo para que el Jemer Rojo no lo viera.

El Jemer Rojo no tardo mucho en venir y decir, "¿Por qué se tardan tanto en terminar este campo?"

Entonces ellos caminaron hacia donde estaba mi amigo y lo vieron acostado en el agua sobre el campo. El le preguntó por qué no estaba trabajando y que le sucedía. Mi amigo le dijo que su cabeza le dolía. El Jemer Rojo le preguntó, "¿Te duele la cabeza?"

"Sí, mucho."

Entonces el Jemer Rojo se lo llevó fuera del campo. Grité yo solo, "¡Intenté ayudarte, pero ellos te vieron! ¡Acábamos de platicar anoche y hoy te has ido!"

Ese día mi grupo termino ese campo. Luego empezó la tormenta otra vez con nubes negras y fuerte lluvia. Los Jemeres Rojos nos llamaron para alinearnos a comer. Después de comer, nos dijeron que volvieramos al campo.

Me pregunté, "¿Cómo puedo plantar en esta fuerte lluvia?" Me paré al bordo del campo y veía caer la lluvia. Mi ropa estaba empapada, escurriendo de agua. Yo veía al los Jemeres Rojos sentados bajo el techo de su casa. Entonces ellos nos llamaron.

"Todos ustedes regresen y duerman ahí esta noche."

Esa noche nosotros dormimos bajo los arboles en la selva, no en el campo. Los Jemeres Rojos dijeron que cuando fuéramos a dormir, no podíamos hablar. Si nos oían hablar, tendríamos problemas.

En esa noche, nadie habló. Estábamos todos mojados y con frio pero nos dormimos. Los Jemeres Rojos estaban cerca para que no escaparámos. Yo me pregunté, "¿Qué están pensando? ¿Cómo puedo correr? No tengo energía. No tengo ni idea a donde ir."

La mañana siguiente, ellos dijeron que necesitaban terminar los campos de arroz rápido. Nosotros teníamos que tratar de acabar ese día. Ese día, mil personas trabajamos jutas hasta el anochecer para terminar a tiempo.

Los Jemeres Rojos nos dijeron ese día, mientras caminaban por donde dormíamos, que mañana trabajaríamos en algo diferente.

12

Excavar Tierra, Enterrar Agua
1977

Con el campo sembrado, los Jemeres Rojos nos dijeron que volveríamos a la presa para empezar a excavar tierra otra vez. Yo estaba muy contento. Esto sería mejor para mi. Nos juntaron a todos, nos subimos a los camiones y condujeron por cuatro horas de vuelta al río. La carretera tenía muchos baches y los camiones eran lentos. Podríamos haber caminado más rapido pero nadie quería caminar.

Ese día no tuvimos que trabajar. Yo platiqué con los miembros de mi grupo acerca de el campo, de cargar los muertos, sembrar, de cuando se llevaban a mis amigos por no plantar correctamente o por caer al lodo.

Todos estábamos contentos por regresar a la presa porque el trabajo era sencillo. Sólo tenías que excavar y alzar tierra todo el día. Siempre y cuando no rompieras tu equipo de trabajo, no podias hacer nada mal. Estuvimos platicando todo el día. Este fue mi primer día sin trabajar en nueve meses.

La mañana siguiente cuando despertamos, recibimos equipo de trabajo nuevo. Las quince personas que hacian falta en nuestro grupo fueron remplazadas por otras quince. Nos dijeron que caminarámos media milla hacia la presa.

A lo lejos, yo podía ver la gente trabajando; caminaban despacio. La gente nos miraba mientras nos acercábamos. Yo les saludé y les dije que éramos amigos nuevos. Ellos no dijeron nada. Sus caras solamente nos miraban fijamente como los muertos vivientes. Esto me asustó.

El río aún era enorme, igual que antes. La tierra era vaciada y nomás flotaba lejos. La gente a la que nos unimos había estado trabajando de esta manera por un año. Nada había sido logrado con su trabajo. La presa alcanzaba cuatrocientos pies dentro del río, pero el espacio en medio de las dos partes de la presa era aún más ancho. Estos trabajadores habían perdido a sus amigos y toda la esperanza. Ahora ellos sólo caminaban con sus cubetas de tierra, esperando la muerte.

Yo entré a la línea y empecé a remover tierra. Excavar tierra, cargar tierra, vaciar tierra, enterrar agua. Mis amigos y yo nos turnábamos excavando o cargando la tierra. Algunos cavaban, otros cargaban. Esto nos ofrecía un cambio, la oportunidad de descansar. Hacíamos esto veintitrés horas al día. No había bajas por enfermedad o vacaciones. Vacaciones quería decir que te llevaban a la "libertad."

El primer día, todavía éramos treinta en mi grupo. Después, todos los días mis amigos se empezaron a morir; muerto, muerto, muerto, todos los días, hasta que quedábamos siete. Entonces los Jemeres Rojos nos llevaron a nosotros siete con otro grupo donde cinco habían muerto. Nos juntamos para formar un sólo grupo. Yo miraba a mi nuevo grupo. Era terrible; ellos estaban flacos y hambrientos. Me dieron ganas de llorar, pero cuando lo hice, no me salian lágrimas.

Uno integrante de mi nuevo grupo se quitó la ropa y pudé ver que estaba realmente flaco, igual que yo. Piel con huesos, eso es lo que yo era también; nada de carne, así estaba también mi nuevo amigo. Yo le dije, "¡Hey, mírame! Estoy tan flaco como tú. ¿Así que comes mucho?"

El respondió sarcásticamente, "Sí. Nos comemos todo un plato de sopa de arroz y un trozo de sal al día."

Me quité mi camisa y empecé a reir, "¡Mírame! Estoy igual a ti. ¡Eres como mi hermano!"

Reímos juntos y luego rezamos juntos. Platicamos como queríamos peliar contra los Jemeres Rojos, pero ellos estaban armados, por lo tanto no podíamos. Ellos también tenían fuerza, no como nosotros; si el viento soplaba, me tumbaba. Cuando pasaba eso, tenía que ponerme de pie rapidamente antes que los Jemeres Rojos llegaran y me arrastraran lejos.

Todos los de nuestro nuevo grupo durmieron en ramas de los árboles que pusimos en el suelo, porque si dormías en la tierra, te chupaba y te secaba y no despertabas.

Todos nosotros nos hicimos buenos amigos; nos ayudábamos unos a otros, trabajábamos juntos, cantábamos juntos, jugábamos juntos e intentábamos olvidar que teníamos hambre juntos.

Hablábamos unicamente de trabajo, nunca hablábamos acerca de extrañar la casa o nuestra madre, padre, hermanos y hermanas --no platicábamos de eso. A los Jemeres Rojos les gustaba cuando platicábamos sobre trabajar duro y rápido.

Continuábamos excavando la tierra todo el día. Mi cabello se cayó durante este tiempo. No sólo a mí. Todos mis amigos así se veían. Nos burlábamos diciendo que todos parecíamos bebés recien nacidos. Así bromiabamos todo el día, cantando canciones, haciendo reir a nuestros amigos, tratando de no pensar en nuestros cuerpos hambrientos. Convertimos el trabajo en un juego. Intentábamos hacer lo mejor de nuestras vidas hasta que muriéramos.

Algunas veces estaba tan cansado que cerraba los ojos al caminar. Me despertaba cuando tropezaba con la persona delante de mi.

De esta manera pasó un año. El hambre y el cansancio crecía en la gente. Algunos de mis amigos decían no tener suficientes energías para llevar la tierra y llevarla a vaciar en el agua. Cuando esto sucedía ellos morían.

Unas personas ya no podían caminar; ellos simplemente caían al suelo. Yo intentaba ayudarlos, pero los Jemeres Rojos me dijeron que no lo hiciera, "Cuando estés trabajando, tú mántente trabajando."

Ellos decían tener una persona que se encargaría de él que estaba en el suelo. Nosotros sabíamos que quería decir eso.

La gente empezó a enfermar. Los Jemeres Rojos les dijeron, "Ustedes son perezosos porque no quieren trabajar." Los amenazaron, "Tenemos un lugar para la gente que se enferma."

Un día ví a un amigo delante de mi con su equipo de trabajo roto. Luego ví un Jemer Rojo correr hacia él. El Jemer Rojo le preguntó que había pasado y él dijo que su equipo de trabajo se quebró. Ellos le dijeron que había terminado de trabajar por ese día y dos Jemeres Rojos vinieron por él. Yo ví donde se lo llevaron. No muy lejos, lo mataron a golpes con un palo largo. Así era como ellos nos estaban asesinando ahora: golpeándonos hasta la muerte para ahorrar las balas de sus pistolas.

Ese día mientras comíamos la sopa, un soldado Jemer Rojo gritó, "¡Todo aquel que rompa su equipo de trabajo no va a tener nada más que decir!"

Al final del día recordé como los Jemeres Rojos se levantaron temprano ese día para que empezaramos a trabajar. No pasó mucho tiempo antes de que nos lloviera intensamente. No podíamos ver claro porque llovía a cántaros. El agua corría por mi cabeza y mi ropa.

Cuando me fui a dormir esa noche mi ropa estaba mojada. Dormimos en el suelo sin techo alguno. Yo tenía mucho frio. Empecé a rezarle a Buda, a mi abuela, madre, padre, abuelo y a mis ancestros; todos aquellos que estaban muertos, para que vinieran a ayudarme porque tenía mucha hambre y frio. Yo no sabía donde estaba mi familia. Me preguntaba si ellos estarían haciendo al igual que yo este mismo trabajo terrible.

Como acostumbrado, los Jemeres Rojos tenían un techo para no mojarse. Tenían comida, carne y vegetales. Ellos estaban riendo y jugando juegos.

Los Jemeres Rojos eran niños en uniformes verdes portando rifles AK-47.

13

La Serpiente de la Suerte
1977

Mi cabello se caía más rápido cada día. Los miembros de mi grupo empezaron a voltear al suelo en busca de comida. Cada vez que íbamos al baño, íbamos a la selva y buscábamos comida. Nunca nadie tenía que cagar porque no había nada dentro de nosotros, entonces solamente fingíamos tener que ir para poder buscar algo de comer. En ese momento nosotros comíamos cualquier cosa que nos encontraramos.

Un día mi amigo regreso de ir a orinar y dijo que había encontrado un pitón que no se podía mover por haberse comido un animal. ¡Esta serpiente estaba tan ancha como un árbol! Tenía mucha carne.

Mi amigo le dijo al grupo, "Tenemos que matar esa serpiente para comer."

El nos dijo, "Pero, ¿Cómo podemos matarla? No tenemos una navaja."

Le dije que usará cualquier cosa que estuviera alrededor para matar la serpiente. En esta ocación tuvimos algo de suerte.

Ese día nuestro grupo iba uno a la vez, en su camino a orinar, sigilosamente hasta el pitón a comer la carne cruda.

Cuando fue mi turno, le pedí permiso a los Jemeres Rojos de ir al baño. Luego me apresure fuera del trabajo, encontré un palo puntiagudo y comí la carne de serpiente.

Yo mordí la carne cruda y sangrienta, rapidamente, teniendo cuidado de no manchar mi ropa de sangre. Después de terminar, me lavé para que no hubiera sangre en mi cara y le dije a mi amigo, "Después de comer, límpiate para que no tengas sangre en la boca."

Después de eso, treinta personas comieron carne de la serpiente. Los últimos dos niños en comer lo hicieron muy rápido y regresaron con manchas de sangre en su ropa blanca. Los Jemeres Rojos se acercaron a ellos y les preguntaron, "¿De dónde salió la sangre?"

El muchacho le dijo a los Jemeres Rojos, "Tengo hambre, me comí una serpiente."

Los Jemeres Rojos luego preguntaron, "¿Dónde conseguiste una serpiente?" Esos mismos niños les dijeron donde estaba. Los Jemeres Rojos se llevaron a esos dos niños de nuestro grupo.

La mañana siguiente, después de haber trabajado por un rato, pedí permiso a los Jemeres Rojos de ir a orinar. Ellos dijeron, "Está bien." Yo quería comer más carne.

Cuando corrí hacia el lugar, vi que la serpiente ya no estaba, lo que sí estaba eran los dos niños degollados. Regresé corriendo a trabajar y le dije al grupo que la serpiente ya no estaba y que nuestros amigos estaban muertos. Después de eso yo pensaba, "¿Cómo le hago para conseguir comida?"

Ese mismo día ví a mucha gente tirada en el suelo. Los Jemeres Rojos los había arrastrado hasta ahí porque ellos ya no podían trabajar.

Más tarde ese día había gente recarargada en los árboles, respirando muy despacio. Yo sacudí a uno para despertarlo y platicar con él. Le dije, "¿Cómo estás?"

El no respondió nada. Luego yo le dije, "Caramba, estás casi muerto." Yo no estaba seguro si iba a aguantar otro minuto.

Cuando me alejé de esa gente, el viento me echó fuera de la carretera y me caí pero me levanté rapidamente para que los Jemeres Rojos no me vieran.

Todos los días veía gente que se llevaban porque ya no podían sostenerse de pie. Cada hora, cada minuto, la gente continuaba trabajando hasta que se derrumbaban. No me quedaba nada en el cuerpo, nada de musculo ni grasa. Solamente era un esqueleto andante. Pero continuaba hacia adelante.

Después un día los Jemeres Rojos anunciaron en el altavoz, "Todas las personas que están aquí en este momento, que siguen vivas, van a continuar trabajando hasta que terminemos la presa. Todos aquellos que están muertos son las personas que son holgazánes. Da exactamente lo mismo trabajar con ellos o sin ellos. Si ellos murieron y ya no están, no hay problema."

Esto me pusó furioso.

14

No Hay Comida Para Animales
1977

La mañana siguiente, los Jemeres Rojos nos avisó que volveríamos a los arrozales a cortar el arroz que habíamos sembrado. Estábamos cerca del invierno y la lluvia había disminuido, así que nos subimos a los camiones y nos dirigimos de regreso a los campos de arroz.

A todos nos dieron segadoras y nos enseñaron como caminar por los campos secos cortando y atando las plantas de arroz. Este periodo fue mejor para mi. Los campos estaban secos. Todo el tiempo caminábamos hacia delante y no nos mareábamos. En las plantas se escondían ratones, ratas y saltamontes.

Cuando capturábamos un ratón le ropíamos el cuello y luego lo escondíamos en nuestra ropa. De esta manera, comíamos uno o dos al día. Teníamos que ser muy cuidadosos al comerlos. Nunca podías ser visto con algo en la boca o estabas muerto.

Durante este tiempo mi amigo me enseñó como matar ratas, pelarlas con mis dedos y exprimirles la sangre echandola en el agua. De esta manera teníamos carne fresca sin sangre. Al exprimirles toda la sangre significaba disminuir la posibilidad de ser sorprendidos comiendo. Aprendimos a hacer esto rápido.

Por un mes, cortamos, juntamos y llevamos el arroz hasta la carreta que era arrastrada por un toro. Cuando la carreta se llenaba, caminábamos detrás de ella por media milla hasta otro campo. Vaciábamos la carreta, regresábamos caminando al campo y la cargábamos de nuevo. Hicimos esto todo el día. Este trabajo era agradable comparado con los demás. El único problema era que el arroz estaba muy seco y nos hacía sentir comezón en las piernas.

Una mañana, los Jemeres Rojos nos dijeron que todo el arroz había sido cortado. Nos dijeron que regresaríamos a sembrar una vez que los campos estuvieran arados. Ahora volveríamos a nuestro antiguo trabajo acarreando tierra y agua.

Yo creía que los dos trabajos eran difíciles en diferentes formas. Yo pensaba, "Solamente ve a trabajar día a día, semana a semana, mes a mes; sobrevive. No pienses en nada."

La mañana siguiente, fuimos a nuestro antigüo trabajo. El mismo trabajo duro. El mismo problema. Mi vida era simple. Excavar tierra, sembrar arroz, excavar otra vex, cortar arroz. Día tras día, semana tras semana, mes tras mes, año tras año. Cada segundo mi cuerpo se debilitaba. Cada día le tenía que decir a mi cuerpo, "Aguanta."

Todos los trabajadores platicaban acerca del arroz que recientemente habíamos cortado. Ahora todos esperábamos comer más arroz. Habían varios campos de arroz. Suficiente arroz para todos. Lo habíamos visto. Mis amigos me dijeron que si pudieramos comer un plato lleno de arroz, íbamos a tener fuerza por una semana completa.

Los días pasaron y nunca vimos el arroz. Nunca llegó. No teníamos ni idea de lo que había pasado con esa cosecha.

Después de dos años, únicamente reconocía cincuenta o sesenta personas que habían sobrevivido igual que yo. Todos nosotros estábamos calvos y éramos piel con hueso. Cuando veía a estos viejos amigos, me sentía feliz. Nos decíamos, "Debimos haber hecho cosas buenas, nuestros padres deben haber hecho cosas buenas."

Nosotros pensábamos que Buda estaba contento con nosotros por todas las cosas que habíamos hecho. Yo me acordé como mi mamá iba al templo y ayudaba a toda la gente pobre. Tal vez esa era la razón por la cual aún estaba vivo.

Seguí trabajando sin suficiente comida y sin dormir lo suficiente. Todos estaban furiosos con los Jemeres Rojos porque ellos nunca trabajaban. Ellos siempre apuntando a la gente con sus armas, diciendo que trabajemos más rápido. No podíamos luchar contra ellos. Solamente esperábamos el día, el mes o el año cuando tuvieramos libertad. No sabíamos cuando o si ese día llegaría.

Llegó la madrugada y nosotros hicimos fila para volver a trabajar como siempre lo hacíamos. Habían nubes enormes ese día. Otra gran tormenta pronto llegó. El agua del río aumentó y se derramaba sobre la presa, llevándosela otra vez. No había roca o madera para sostenerla en su lugar. La tierra alrededor de nosotros se derrumbó y miles de personas fueron enterradas otra vez.

Los Jemeres Rojos necesitaban que nosotros excavaramos y sacaramos a todos los que habían sido enterrados vivos, otra vez. Los integrantes de mi grupo bajaron a ayudar. La gente excavó todo el día, incluso en la noche. Mi grupo de cinco excavó a mano y usando pequeñas palas. La gente continuaba removiendo la tierra todo el día y toda la noche. Veíamos una mano o una pierna y sacábamos un cuerpo.

Los Jemeres Rojos nos gritaban en los altavoces que excaváramos más rápido. Algunos de sus soldados habían sido sepultados en la tierra. Cuando la gente intentaba excavar bien rápido, se desplomaban y morían.

Los Jemeres Rojos continuaban gritando que siguiéramos excavando. Mi amigo escavaba y se llevaba las cubetas. Los Jemeres Rojos le dijeron que se apresurará y excavará más rápido, así que él trató de excavar más rápido.

Entonces los Jemeres Rojos trajeron cerca de doscientas personas más al pozo con mi gente para tratar de excavar la tierra. La tierra derrumbó otra vez y nos impactó. De las doscientas personas, cientosetenta murieron.

Ahora unicamente quedábamos treinta para excavar y tratar de sacar el resto de la gente. Los Jemeres Rojos vieron que todos estaban trabajando bien duro y trajeron a cien de sus soldados para que nos ayudara. Con la ayuda de los fuertes soldados Jemeres Rojos, no tardamos tanto en sacar los cuerpos. Lado a lado excavamos, con el agua del río derramándose y el agua de la lluvia vaciándose sobre nosotros.

Todos resbalábamos y caíamos en el lodo. Los de mi grupo estaban sorprendidos con lo rápido que los soldados Jemeres Rojos podían trabajar comparados con nosotros. Una hora más tarde ya teníamos todos los cuerpos fuera del lodo.

Ese día calculé que al menos dos o tres mil personas se las llevó la corriente o sepultados vivos. El derrumbe de la tierra ocurrió en un instante. No hubo aviso. En un instante había miles de personas excavando y vaciando tierra, y en segundos, desaparecieron. Se vió como un acto de magia, ¡puff! Sólo tierra y silencio donde miles de personas habían estado de pie, segundos antes.

Mas tarde ese mismo día los Jemeres Rojos trajeron gente nueva para remplazar los trabajadores nuevos. Esa gente nunca había excavado tierra.

Los integrantes de mi grupo finalmente fueron sacados del hoyo porque estábamos todos muy cansados. Los Jemeres Rojos nos dió una hora para descansar. Estábamos muy contentos porque nunca antes habíamos tenido un descanso como ese. Intenté localizar a mi grupo pero unicamente encontré siete de los treinta. El restó ya no estaba.

Después del descanso, empezamos a excavar de nuevo. Poníamos los cadáveres en camiones de volteo que nos estaban esperando. Yo estaba tan cansado que caminaba con los ojos cerrados. Me decía yo mismo, "Ya no me importa. Si muero, está bien."

Yo acababa de perder a mis amigos sin ningún buen motivo. A los Jemeres Rojos no les interesaba ninguno de ellos. A ellos nada más les interesaban su gente y lloraban por la perdida de sus amigos. No era justo. Ese día estaba a punto de darme por vencido. Apenas podía levantar mis piernas. Todos nosotros estábamos lentos, agotados y derrotados. Estábamos todos enojados con los Jemeres Rojos y no podíamos hacer nada al respecto; nada. No había a donde correr. No había forma de alejarse de sus armas. Estábamos todos desnutridos para escapar hacia la jungla. Nosotros sabíamos que sólo serviríamos de alimento para animales.

Extrané a mis amigos esa noche. La noche anterior habíamos platicado y dormido juntos. Ahora ellos ya no estaban. Me recosté y rezé para ser sacado de este lugar. Muerto o vivo. Ya no me importaba. Ya no quedaba nada de mi. Nada de cabello, nada de musculo, nada de amigos; nada.

Yo me burlaba de mi mismo, "Si yo muero, un animal me encontrará, me verá y sabrá que no hay nada para comer. El sólo se me acercará, olerá mi cuerpo y se irá diciendo, '¡Hey! No tienes nada de carne.'"

Me dije a mi mismo, "Pobre animal, si me encuentras, no tendrás mucha suerte."

15

El Levantamiento 1978

La mañana siguiente, los Jemeres Rojos llamaron a mi grupo. Nos dijeron que nos habían visto trabajar muy duro y querían que le enseñaramos a trajarar a la gente nueva. Ellos nos dividieron en tres grupos de diez. Diez de nosotros estábamos a cargo de mil trabajadores nuevos. Les mostramos como trabajar y como ser cuidadoso. Los preparamos por cinco días, hasta que aprendieron lo que tenían que hacer.

Nos divertimos juntos excavando la tierra. Trabajamos día y noche. Mientras estuviera la luz del día o la luz de los focos, teníamos que seguir trabajando. Todos los días rezábamos para que se fuera la luz. Algunos de mi grupo agarraron piedras y quebraron las luces. "Muy bien, tiempo de descansar."

Los Jemeres Rojos encontraban un foco y lo remplazaba. Una vez que las luces prendían, aplaudíamos como si estuviéramos contentos por regresar a tragajar. Los Jemeres Rojos sabían que nosotros estábamos felices por haber descansado así que resguardaban las luces.

El cuerpo de la gente se continuaba haciendo más y más pequeño. Ellos sabían que pronto estarían muertos.

Un día los Jemeres Rojos anunciaron que era Año Nuevo. Ese mismo día nos dijeron que todo aquel que quisiera ir a su casa tendría que trabajar muy rápido y luego podría ir a su pueblo. Nos dijeron que no pensaramos en nuestra vieja historia, vida, casa, nuestros padres, hermanos y hermanas. Cuando terminarámos este projecto, tendríamos una vida nueva y volveríamos a ver a nuestros padres.

Toda la gente se reunió para escuchar este anuncio. Habíamos casi diez mil personas ahí de pie. Después del discurso, se alejaron todos. Yo dije, "Mierda, nadie le cree a los Jemeres Rojos."

Mi amigo me dijo, "No digas malas palabras, Bun. Los Jemeres Rojos te van a oir."

La mañana siguiente los Jemeres Rojos nos llamaron a trabajar. Trabajamos por casi medio día, pero algunos ya no aguantaron. Se enfurecieron por lo que los Jemeres Rojos nos habían dicho respecto a trabajar duro y luego ir a casa. Levantaron palas para golpear a los Jemeres Rojos cerca de ellos. Otro grupo de Jemeres Rojos corrió y les disparó ahí mismo.

Esa noche me enojé y hablé con mi grupo. Le pregunté a un amigo si alguien había sido herido y me contestó que un amigo había muerto por un disparo en la cara.

Mi amigo me dijo, "¿Qué podemos hacer?"

Yo le dije, "Ya no tengo miedo de morir."

De tres mil presonas, unicamente quedaban ciento cincuenta.

El grupo nuevo que había venido de un lugar de Camboya donde las condiciones no eran tan malas como estas, nos escuchó. Ellos estaban muy enojados con los Jemeres Rojos. Ellos no estaban acostumbrados al terrible trabajo que teníamos en esta presa. Muy pronto los trabajadores de los grupos nuevos se levantaron, agarraron palos, piedras y sus herramientas de trabajo y fueron a pelear contra los Jemeres Rojos. Ellos querían quemar las casas donde los Jemeres Rojos estaban durmiendo.

Los Jemeres Rojos los escucharon venir, salieron corriendo y comenzaron a dispararles como animales. La gente gritaba fuerte, "Ya no tengo miedo morir."

En la obscuridad, los Jemeres Rojos no sabían quien era quien. Solamente vaciaban sus pistolas en los cuerpos de la gente. Cuando se detuvieron los disparos, al menos doscientas cincuenta personas habían sido muertas a tiros. Muchos otros estaban aún vivos, con los brazos y piernas quebradas.

Cuando la mañana siguiente llegó, los Jemeres Rojos llamaron a mi grupo para que limpiara los cuerpos. Ellos nos dijeron que los pusieramos "por allá" por lo pronto. Nosotros arrastramos los muertos fuera de las casas y los apilamos en un lugar. No tomó mucho tiempo.

Posterior a eso, los Jemeres Rojos ataron unas veinte granadas en un paquete y las colocó lejos de sus casas. Entonces ellos dispararon al paquete para explotar las granadas y hacer un hoyo grande en el suelo; tan grande como un estanque. Una vez que el humo se había ido, ellos nos llamaron para mover los cuerpos de nuestros amigos al hoyo. Algunos estaban aun vivos. También iban al hoyo. Nosotros teníamos que hacerlo, porque si no, los Jemeres Rojos nos matarían. Cuando los lanzábamos al hoyo, algunos de los que aún estaban vivos decían, "¡Ayúdame, ayúdame!"

¿Qué podía hacer yo? Sólo los soltábamos y nos retirábamos. Estos eran mis amigos. Ví unos con brazos rotos, piernas rotas, sangre por todos lados. Después de terminar con esto, mi grupo y yo oramos por ellos; "Que en su próxima vida tengan un buen padre, una buena madre y ningún problema como este."

Nosotros continuamos moviendo cuerpos. Todos los de mi grupo continuaron moviendo los cadáveres. No nos quedaba energía, pero los Jemeres Rojos seguía gritando, "¡Apúrense, apúrense!"

Mi grupo no les podía decir nada a ellos. Anteriormente en casa estábamos fuertes y podíamos cargar cosas pesadas. Pero ahora estábamos todos tan desnutridos. Se ocupaban cuatro de nosotros para mover un sólo cuerpo. Tratábamos de ayudarnos uno a otro a levantar los cuerpos sin caernos.

Le pedí a un Jemer Rojo, "Por favor, ¿Pueden ayudar a la gente que aún no está muerta? Algunos todavía están vivos."

Sin embargo él respondió, "No, no tenemos doctores."

Entonces el sacó su pistola, la apuntó al hoyo y le disparó otra vez a unos cuantos de ellos en la cabeza. En ese momento mi corazón se me salió. El Jemer Rojo me indicó que regresara a trabajar. El dijo, "¿Tú quieres ayudarlos? Entonces te vas a morir también." Me asusté con eso. Me gritó, "¿Quieres entrar en el hoyo?"

Yo le dije, "No."

Los Jemeres Rojos caminaron hacia un lado y mi grupo caminó hacia el otro. Cuando volvié hacia atrás, los Jemeres Rojos habían brincado en su camioneta y desaparecido. Los de mi grupo regresaron corriendo al hoyo para ver a la gente. Yo les dije que quería ver a la gente. Mi amigo me dijo que él echaría un vistazo para ver si los Jemeres Rojos venían mientras yo me asomaba. Bajé al hoyo y ví a la gente que aún vivía. Ahí habían como ciento cincuenta. Yo solamente los miré con sus piernas y brazos destrozados y me asusté. Yo me preguntaba, "¿Cómo puedo ayudar? Si hago algo, los Jemeres Rojos me matarán."

Toda la gente en el pozo se quejaba, "Ayuda, ayuda, ayuda." Se oía como animales gimiendo. Caminé por encima de los cuerpos sabiendo que no había nada que pudiéramos hacer. Yo pensé, "Si tú te enfrentas a los Jemeres Rojos, esto es lo que pasa."

Yo los observaba. Los que estaban muertos tenían suerte. Era terrible estar aún vivo en ese hoyo. Quería llorar pero no me salían las lágrimas. Salí de los cuerpos gimiendo y me dije, "Intentamos hacer algo para ayudarles, pero no funcionó; no podían caminar."

Yo me dije a mi mismo, "Todas esas personas iban a estar muertas mañana de cualquier manera."

Mi ropa estaba roja y empapada. Unicamente mi espalda estaba blanca. De enfrente estaba cubierto de sangre por estar levantando los cuerpos.

Corrí a donde estaba mi grupo. Le conté a mi amigo como se encontraba la gente. Le dije que si tratábamos de ayudarles y los Jemeres Rojos aparecían, estaríamos muertos en el pozo igual que ellos.

Platicamos alrededor de quince minutos tratando de decidir que hacer. Entonces los Jemeres Rojos regresaron. Nos preguntaron que estábamos haciendo. Les dijimos que estábamos tomando un descanso. Vimos llegar cinco camiones vacíos y nos dijeron que subiéramos. Los camiones empezaron a rodar y nosotros preguntábamos, "¿A dónde vamos?"

Mi amigo dijo, "Yo no sé, sólo hay dos caminos; una de dos muertos o vivos."

Yo dije, "Bueno, si nos matan entonces estaremos muertos;

si estamos aún en el camión y nos bajan, entonces estaremos vivos todavía."

Después ya no platicamos. Estábamos sentados atrás con los Jemeres Rojos que tenían miedo que brincaramos del camión y escaparamos a la selva. Ellos se sentaron con nosotros a pesar de que estábamos muy cansados para correr a algún lado. Estábamos demasiado cansados hasta para hablar.

Ellos nos dejaron en un campo y nos dijeron que los siguieramos. Ya casi era de noche.

Yo me dije, "Esta es el último momento que estoy vivo."

Luego le dije a mi amigo, "Ahora estamos muertos." Quisimos llorar, pero no funcionó. Nuestros cuerpos estaban demasiado secos.

Caminamos y escuchamos a unas personas chillando y gritando, "Auxilio, ayuda."

Esto nos espantó aún más. Yo dije, "Este es el último día para nosotros."

Todos los de mi grupo escuchaban a la gente gritar pidiendo ayuda. ¡Todos estábamos tan asustados! Era como si nuestros espiritus estuviesen conectados a nuestros cuerpos sólo por el último pelo.

Continuamos caminando. Cuando oía los gritos, recordaba el pasado. Me recordaba cargando cuerpos en los camiones y esa gente gritando mientras eran lanzados encima de los otros cuerpos ya muertos.

Estábamos muertos de miedo mientras seguíamos a los Jemeres Rojos. Aún no teníamos ni idea a donde nos llevaban. Más tarde esa misma noche, tomamos un descanso y ellos cosinaron para nosotros. Mis amigos se veían uno a otro. Todavía estábamos vivos. Yo veía a mis amigos. Todos éramos adolecentes, viviendo en la jungla, sacando muertos de la tierra, tomando agua sucia todos los días, durmiendo en ropas mojadas mietras sanguijuelas aguardaban por nosotros en cada planta. Yo no sabía como habíamos sobrevivido todo este tiempo. Yo no sabía si alguno de nosotros estaríamos aquí el día de mañana.

16

Las Piedras No Vuelan
1978

Por dos años y medio me mantuvé trabajando sin dormir lo suficiente y sin comida suficiente. Los Jemeres Rojos estaban ahí con sus armas apuntadas, gritándonos que trabajaramos más a prisa.

Una noche salí de trabajar y me recosté para dormir, eran como las 10:00 p.m., cuando ahí cerca oí un ruido que nunca antes había oido. Yo pensé, "Mmm, quiza sea un animal salvaje en la jungla." Elefantes, osos, tigres y serpientes, todos salían de noche en busca de comida.

Yo podía oír algo, pero no podía ver en la obscuridad. Toqué a mi amigo y le dije en voz baja, "¿Has oído ese ruido?"

El me dijo, "Tal vez sean los Jemeres Rojos."

Yo le dije, "¿Por qué van a salir a estas horas de noche? Quiza sean solamente animales."

Mi amigo coincidió que eran los animales. Intenté dormirme. El ruido duró media hora más, luego todo estuvó en silencio.

Nosotros buscamos todo alrededor en donde se oía el ruido, pero no había nada dañado o quebrado. Mi amigo se asustó y dijo, "Quizas sean fantasmas."

Yo le dije que podrían ser fantasmas, pero que no le tuviera miedo a los fantasmas. Habíamos vivido entre fantasmas mientras sacábamos cadáveres del agua por dos años.

Trabajamos ese día y mi amigo me dijo, "Bun, no pienses en todo eso. Sólo sigue trabajando y no rompas tu equipo de trabajo."

Le dije, "Tienes razón," pero en mi mente trataba de imaginar por qué los animales se acercaban a nosotros de noche.

Esa noche, regresamos donde habíamos dormido. Al mismo lugar. Yo platicaba despacio con mi amigo. Le preguntaba a él como le iba en el trabajo.

El dijo, "Estoy cansado."

"Yo también," le dije yo.

El me preguntó que si había una manera de encontrar una serpiente para comer, como yo lo había hecho antes. Le dije que los Jemeres Rojos nos matarían si buscábamos. Le conté como ellos habían matado a dos personas quienes comieron de una serpiente sin limpiarla. Le dije que estuviera listo buscando algo que se acercará a nosotros para comer, de esa manera ganaríamos energías.

El me dijo que siempre trataba de hacer lo que yo le decía, pero que su estómago estaba aún vacío. Intentamos dormir y pensar en el siguiente día y la taza de sopa de arroz y el pedazo de sal que comeríamos después del trabajo. Cerré mis ojos y ví a mis padres, mis hermanos y hermana en nuestra casa. Pensé en los vehículos, bicicletas, gente caminando, platicando y riendo. Me acordaba de lo divertido que era todo en ese entonces.

Luego observé a mis amigos durmiendo. Me dije yo mismo que también necesitaba dormir. Intenté dormir, pero luego escuché un ruido. Era el mismo ruido que la noche anterior y cerca de mi cama. Entonces ví piedras rodar hasta mi cama. (Estábamos durmiendo en hamacas hechas de ropa vieja atadas a los árboles. Al final del último año se las habían dado a mi grupo.)

Desperté a mi amigo y le dije, "Escucha, ¿si oyes ese ruido?"

El dijo, "Sí. Quizas sean los Jemeres Rojos que vienen a llevarse a nuestro grupo."

Le dije que no podían ser ellos, porque ellos no vendrían así, de noche. Le dije que podrían ser fantasmas porque los muertos estaban muy hambrientos cuando se murieron; quiza ellos sólo querían comida. Bromeaba con él diciendole que yo quería ir a hablar con los fantasmas, porque ellos sabían donde estaba la comida cerca de ahí; ellos podían volar, nadar, ir a donde sea a conseguir comida, y nosotros estábamos atascados aquí en el suelo. Mi amigo se reía de mi.

Luego todo estaba en silencio. Estuvé despierto hasta alrededor de las 11:00 p.m., y ya no lanzaron piedras así que me fui a dormir.

Cuando desperté, ví una piedra. Pensé, "Las piedras no vuelan. ¿Cómo llegó hasta aquí?"

Le dije a los Jemeres Rojos que tenía que ir al baño, pero en lugar de eso, caminé directo hacia donde estaba el ruido. Ví un espacio donde las plantas estaban aplastadas como si alguien hubiese estado sentado ahí. Regresé corriendo con mi grupo y les dije, "¡Hey, ví un lugar donde la hierba está aplastada! ¡No creo que sean fantasmas o animales!"

Mi amigo me preguntó si estaba seguro. Entonces le dijo al Jemer Rojo que necesitaba ir al baño. Cuando volvió, fuimos llamados para que nos levantaramos a trabajar. Mientras trabajábamos mi amigo me decía en voz baja que el había visto el lugar también.

Trabajábamos juntos, viendo a los Jemeres Rojos, y platicando.

Yo le decía, "Algo no está bien."

Le dije al final del día que me quedaría despierto para ver si las piedras aparecían otra vez.

PARTE DOS

El Ejército de Liberación Camboyana

17

La Fuga
1978

Esa noche, me acosté y me quedé despierto. Al acostarme casi al instante, más piedras empezaron a llegar rodando desde la selva. Rápido desperté a mi amigo y le dije que observaramos juntos. Yo quería saber quien era. Yo agarré una piedra que lanzaron y la tiré de regreso. Pronto la piedra regresó volando hacia mi. ¡Wuao!

Mi corazón latía muy fuerte. Le dije a mi amigo, "Hay algo allá. Tú ve a ver. Yo me quedo aquí."

El dijo, "No Bun, ¡Ve tú! Tú no tienes miedo."

Entonces yo me decidí, muy bien, lanzaré otra piedra. Después de lanzarla, ví una linterna parpadeando. Le dije, "¡Ví una luz por allá!" Los Jemeres Rojos nunca se esconden así. Nunca han jugado de esta manera. Si ellos te quieren matar, solamente vienen y lo hacen."

Mi amigo temblaba bastante. "¡Bun, no vayas!"

Yo le dije, "Necesito ir a ver que es lo que hay allá afuera. Tú aquí quédate."

Le dije que si yo iba y regresaba, aún estaba vivo. Pero si no regresaba, los Jemeres Rojos me habían llevado y estaba muerto. Me dijo que tuviera cuidado.

Me levanté y voltié alrededor. Los Jemeres Rojos estaban en sus casas jugando y riendo.

Me dije yo mismo, "Son las diez de la noche, no me pueden ver; yo no necesito pedirles permiso para ir al baño."

Respiré profundamente varias veces antes de ir hacia donde estaba la luz. Agarré el palo que usaba para cargar cubetas. Entonces caminé lentamente hacia la jungla.

Cuando me iba acercando, yo dije sin hacer mucho ruido, "¿Quién es?"

Ellos prendieron y apagaron la linterna en su camisa. Me acerqué un poco más, pero aún no tan cerca y pregunté, "¿Eres un Jemer Rojo?"

Ellos dijeron, "No, somos el Ejercito de Liberación Camboyana." Otra vez ví la luz relámpaguear en su ropa. Sus uniformes no eran verdes. Cuando ví eso, me sentí mejor. Si sus uniformes fueran color verde, sabía que estaba muerto.

Yo caminé un poco más despacio, y voltié a ver hacia donde estaba mi amigo. Todavía estaba muy asustado. Decidí acercarme un poco más hacia la luz. Finalmente, ví a los Soldados de Liberación Camboyana echados en el suelo. Habían dos.

Ellos me dijeron, "Hemos venido hasta aquí para ayudar a la gente que tiene hambre."

Les pregunté, "¿Dónde viven ustedes?"

Ellos dijeron que vivían en la selva.

Les pregunté, "¿Cúanta gente tienen con ustedes?"

Ellos me dijeron, "Eso no interesa. Hemos venido a ayudar a la gente. Ve y dile a todos tus amigos que estamos aquí para ayudar. Mañana por la noche, regresarémos aquí. Vienes a vernos. Ahora ve a dormir. Ya no te apures. Vienes a este mismo lugar a la misma hora."

Yo les dije, "Está bien," y me marché de prisa. Había venido lentamente, pero ahora era más ligero y regresé volando. Cuando llegué de regreso, me estaban esperando tres amigos despiertos.

Ellos me preguntaron, "¿Estás bien?"

Yo respondí, "¡Sí, estoy bien! ¡Ya no se procupen! ¡Allá ví gente buena! Vamos a dormir ahora y mañana en la noche tú y yo iremos a verlos."

Esa noche, yo no pude dormir para nada. Mi corazón estaba todo emocionado. Por mucho tiempo me preguntaba como íbamos a escapar. No podía creer que había alguien ahí para ayudarnos. Pensé, "Tengo que ir a verlos, sin importar lo difícil que esto sea. ¡Este es mi día! ¡Pronto todo será mejor!"

La mañana siguiente, fuimos a trabajar. Les dije a mis amigos, uno a uno, que quizas estábamos de suerte. Un amigo me dijo, "Sí, yo soy afortunado. Me dan un cucharon de sopa de arroz al día."

Yo le dije, "Espera y verás. Todo será mejor ahora."

El dijo, "¿Eres tú afortunado? Quizas ellos te lleven a sacar cadáveres otra vez."

Ese día le dije acerca de cincuenta personas. Después del trabajo, regresamos a nuestras camas. Tres amigos se quedaron conmigo esperando hasta las 10:00 p.m.

Yo les dije, "Esperen a ver, los Soldados de Liberación Camboyana va a prender y a apagar las luces otra vez."

Cuidamos que no vinieran los Jemeres Rojos, pero no los vimos, entonces avanzamos pecho a tierra hacia donde estaban los soldados. Mi amigo vió a los soldados con sus propios ojos. Le dije que no hiciera ruido, o los Jemeres Rojos lo oirían.

Los dos Soldados de Liberación Camboyana dijeron, "No se preocupen, de ahora en adelante vamos a venir a ayudarles."

Le dije a mi amigo que era bueno que supiera que alguien iba a ayudarnos, pero que era mejor que regresaramos antes que los Jemeres Rojos fueran a checarnos. Los soldados nos dijeron que mañana vedrían por última vez. Mañana encontraríamos un lugar seguro.

Ellos nos dijeron, "Mañana temprano, van a trabajar y le avisan a todos que esten listos para irse de este lugar. No se equivoquen actuando muy emocionados y contentos. Sólo esten calmados y actuen como siempre lo hacen."

En el trabajo, mis amigos y yo le dijimos a todos los doscientos miembros de nuestro grupo. Estábamos felices. Mi amigo estaba feliz.

Ví una pequeña sonrisa en la cara de mis amigos por primera vez. Esperábamos que un día, muy pronto, comeríamos buena comida. Esa noche los cuatro fuimos directo con los Soldados de Liberación Camboyana. Ellos nos dijeron, "Mañana en la noche vamos a salir de este lugar a las diez de la noche."

Yo les dije a los soldados, "Somos doscientas personas. Ustedes unicamente son dos personas con dos pistolas. ¿Cómo pueden ayudarnos?"

Ellos dijeron, "No se apuren; esten contentos."

"¿Cómo pueden ustedes ocultar a doscientas personas?"

Ellos dijeron, "Nosotros resolveremos eso." Entonces me preguntaron cuantas casas había con Jemeres Rojos dentro. Les dije que habían quince. Ellos me dijeron que necesitaban quince personas.

Les pregunté para qué. Ellos sólo dijeron, "Los necesitamos."

Yo dije que yo encontraría esas quince personas. Uno de ellos me dió cerillos para quince personas, uno para cada casa. Me dijo que los tuviera sentados despiertos a la misma hora mañana, que los tuviera listos para salir y que no trajeran nada.

Le dije que no teníamos posesiones aparte de nuestras hamacas de cualquier modo. Ellos me dieron cincuenta linternas para darselas a mi grupo. Ellos nos enseñaron la técnica que debíamos usar cuando relampaguearamos las luces para que los Jemeres Rojos no nos vieran. Nos indicaron que le dijeramos a los quince que después de empezar a incendiar las casas, voltearan al cielo a la gallina de estrellas pequeñas (una constelación) y que siguieran a través de la silueta de la gallina hacia el oeste. Debíamos de ir directo hacia las estrellas. Un Soldado de Liberación Camboyana iba a liderar el frente y otro sería el último en línea para asegurarse que las casas se quemaran y los quince salieran.

La próxima noche, usando los relojes que los dé la Liberación Camboyana nos dieron, encendimos las casas exactamente a las 10:00 p.m. Todo el grupo salió de ahí muy rápido. Los Jemeres Rojos salieron corriendo de sus casas gritando, "¡Fuego! ¡Fuego!"

Ellos no sabían que nosotros habíamos prendido el fuego. Nosotros nos dirigíamos lejos del fuego hacia la selva tan rápido como podíamos. Media hora más tarde, escuchamos cañones grandes y pequeños bombardiar cada esquina. Ahora los Jemeres Rojos sabían que habíamos escapado.

Alrededor de las 10:30 p.m., las bombas comenzaron a caer cerca de nosotros. Una se impactó en la mitad de nuestra línea de personas. Podía oír a la gente gritando. Los Jemeres Rojos podían escuchar los gritos y apuntaban sus cañones hacia el sonido.

Nosotros nos separamos y terminamos con la línea. Todos se fueron por diferente camino. Algunos no sabían que hacer y sólo se ocultaban tras los árboles. Yo no podía saber cual camino tomar así que voltié a ver a la gallina de estrellas pequeñas. Quedaban cinco personas conmigo, de doscientas. Continuamos caminando a través de la densa selva. No nos podíamos ver la mano frente a nuestra cara. Nosotros agitábamos las manos frente a nuestra cara hasta chocar contra un árbol o un arbusto. Después de dos horas de avanzar lentamente nos detuvimos para descansar. Yo no vi a nadie. Nos quedamos ahí sin dormir hasta la madrugada para intentar hallar a nuestros amigos.

Alrededor de las 4:30 a.m., los Soldados de Liberación Camboyana nos indicaron que siguieramos derecho hasta donde estaba el Campamento de Liberad. Vestíamos ropa blanca, los Jemeres Rojos vestían de color verde y los Soldados de Liberación Camboyana llevaban camoflaje. Con nuestras ropas blancas no nos podíamos esconder facilmente. Alrededor 4:45 a.m., le dije a mis amigos que buscaran a los de nuestro grupo. Vimos a una persona. Les dije a mis amigos, "Vamos con él."

Le pregunté donde estaban los otros, pero él me dijo que no sabía. Quizas estaban muertos; la bomba había impactado justo atrás de él. El tampoco sabía donde estaban los Soldados de Liberación Camboyana.

Treinta y dos de nosotros caminamos juntos en la selva. No podíamos ir a campo abierto donde pudiéramos ser vistos. Alrededor de las 8:00 a.m. encontramos a un soldado con cerca de diez personas. El no sabía donde estaba el otro soldado.

Alrededor del mediodía, el Soldado de Liberación Camboyana nos dijo que descansaramos, que ahí estábamos seguros. Los Soldados de Liberación Camboyana tenían comida escondida en la jungla para nosotros, así que él nos dijo que esperaramos mientras él traía la comida.

Le pregunté donde estaba la comida, pero él me dijo "no te preocupes." Cinco personas fueron con él para cargar la comida. Ellos trajeron arroz, fruta, carne y lo cosinaron.

Todos esperaron rodeando la comida temblando mietras era preparada; tenían tanta hambre. Nos dijo que después de comer, íbamos a regresar a buscar a los otros de mi grupo.

Cuando la comida estaba lista, él nos dijo que nos sirvieramos. Mi amigo había comido muy poco por dos años y medio. El comió hasta hartarse y se pusó muy malo.

Yo recordé que cuando estaba en la escuela, uno de mis maestros me enseñó a comer sin peligro si alguna vez estuviera sin comida por algún tiempo. El me había dicho, "Si tú no has comido por un largo tiempo, come porciones pequeñas poco a poco; tu estómago no está preparado para recibir comida."

El amigo que comió mucho se sentó. No podía respirar. Dentro de dos horas se murió. Todos tan sólo lo vimos y le dijimos, "Sentimos mucho que después de apenas un día alejado de esos criminales estés muerto."

Nosotros oramos por él. El había tenido media noche de libertad. Lo sepultamos ahí mismo. Yo pensé, "Eso es mucho más de lo que la gente en los campos obtuvo cuando ellos murieron."

Después nos alejamos de él.

18

El Campamento de Liberación 1978

Tres días transcurrieron. Nos pasamos los tres días tratando de encontrar el resto de la gente, pero no la encontramos. El Soldado de Liberación Camboyana dijo, "Vámonos a un lugar seguro."

Caminamos por tres días más. Le pregunté qué tan lejos teníamos que ir. El dijo, sólo medio día más. Miré hacia atrás; todos estaban muy cansados. El dijo, cinco kilómetros más y ustedes verán la libertad.

Todos estaban felices, ellos cantaron por todo el camino. El Soldado de Liberación Camboyana dijo, "Adelante, hagan todo el ruido que ustedes quieran. No hay Jemeres Rojos aquí." Media hora más tarde después de caminar sobre una gran colina, ¡Escuchamos unos ruidos y vimos el Campamento de Libertad Camboyana! Toda nuestra gente se apresuró hacia delante corrieron y dijeron, "¡Vamos, apúrense, vemos la gente de Liberación Camboyana!"

Todo el campamento vinó a darnos la bienvenida. Era la primera vez que ellos habían visto gente muriéndose de hambre como nosotros. Nosotros habíamos estado perdidos por dos años y medio en los campos. Nosotros éramos los primeros en salir.

Todo tipo de personas nos vinieron a ver: jovenes, viejos, muchachos, muchachas. Ellos lloraron cuando nos vieron. Ellos preguntaban si habíamos visto a su hermano, hermana, padre, madre, tío; La gente iba para todos lados viéndonos, buscando a sus familiares. Todos nosotros éramos muchachos, no había entre nosotros mujeres o familias. Unicamente habían muchachos trabajando los campos. Luego la gente llamó a unos pocos de nosotros para que los siguieramos. Ellos cocinaron para nosotros y nos dieron ropa. Nos quitamos la ropa blanca e inmunda y nos pusimos la nueva ropa de colores.

Una familia se llevó cinco de nosotros; otros fueron a otras casas. Yo tenía muchos rasguños y cortadas a causa de correr en la selva. Ellos nos dieron comida buena y cobijas calientes. Si ocupábamos alguna cosa, ellos nos ayudaban inmediatamente.

Cuando ví a todas estas personas ayudando, pensé en mis padres, hermanos y hermanas. Mientras comía, se me hacía un nudo en la garganta pensando en ellos. Algunas personas me preguntaban acerca de mi familia y yo les decía que habíamos sido separados. Les decía que ellos eran mi familia ahora; era todo lo que tenía. Todos nosotros llamábamos a esta gente Papá y Mamá. Yo lloré, pero no habían lagrimas aún.

Nos quedamos con nuestra nueva familia por tres días. Estábamos en tierra fronteriza entre Camboya y Thailandia donde los Jemeres Rojos no podían llegar a nosotros. Los soldados del campamento nos llamaron a una reunión. Fuimos a esperar al hombre encargado del Ejército de Liberación Camboyana. Le llamábamos el Gran Jefe.

En este momento, vimos a otro grupo caminar cerca de nosotros. Todos nosotros dijimos, "¡Nosotros los conocemos! ¡El soldado que nos ayudó a escapar está con ellos!" Eran como setenta y cinco. ¡Los habíamos estado buscándolos en la selva, pero ellos habían llegado antes que nosotros!

El Gran Jefe vinó a preguntarnos cómo estábamos. El me llamaba "niño." Le conté que durante las tres noches cuando los Soldados de Liberación Camboyana se habían escondido y nos lanzaban piedras, yo estaba muerto de miedo. Pero que habíamos podido escapar de los Jemeres Rojos; éramos afortunados.

El me dijo, "Aquí tienes casa nueva. Estas a salvo. Puedes ir a donde quieras cuando quieras."

El nos preguntó acerca de las familias que nos ayudaron. Después de eso, le dijo a los Soldados de Liberación Camboyana que buscaran un lugar para nosotros, retirado de las familias. Ellos nos dieron provisiones. Nosotros cocinamos y cuidamos de nosotros mismos. Teníamos una casa con techo y estábamos calientes y secos. La gente nos traía comida que ellos habían preparado en sus casas. Ellos no querían dejarnos; ellos querían quedarse a cuidarnos hasta que nuestras fuerzas volvieran. Nosotros éramos huesos y piel, con ojos sumidos y el cabello se nos había caído. Nos quedamos ahí por tres semanas. El Gran Jefe venía a vernos cada semana.

Yo recordaba a mi familia y nuestra vida anterior. Las memorias de mi vida en familia llenaban mi mente: lo que mi madre decía y como jugaba con mi hermanita.

Después de un mes, alguien vinó y dijo que necesitábamos ejercitar nuestros cuerpos. Nos llevaron a ejercitarnos como ellos lo hacían. Fuimos a nadar en el agua, persiguiéndonos uno a otro y jugando. Nadamos una hora, luego regresamos a la casa. Después de un mes con comida buena y descanso, nuestra piel se volvió roja, ya no era blanca como había sido.

Después de descansar, las otras familias venían a llevarnos a un campo grande donde todos juntos jugábamos, bailábamos y cantábamos. Los niños nos perseguían como diversión. Luego me sentaba a platicar con las personas mayores. Les preguntaba, "¿Por qué la gente hace cosas como está? ¿Por qué hacen trabajar a la gente hasta morir?"

Las personas mayores dijeron, "Cuando crescas, no puedes vivir pensando en eso. Por eso estamos aquí para estar con ustedes y se diviertan."

Regresamos al campamento a las once de la noche. Yo nunca había aprendido a bailar. Había pasado mis años de adolecente en los Campos de la Muerte. Ese año aprendí a bailar y a cantar. Trataba de divertirme y olvidar las malas experiencias. Yo había comido moscas que se paraban en mi cara y había orado en cada esquina.

De noche pensaba en como mi madre había sido buena, cuando yo era pequeño, con la gente y como les daba comida cuando necesitaban. Quiza eso fue lo que me salvó.

Dos meses pasaron rápidamente. El Gran Jefe vinó a ver como estábamos. Yo le dije, "Estoy fuerte; estoy listo para ir a ayudar gente."

El Jefe bromeaba conmigo. "Tú no puedes sostener tu propio cuerpo. Has estado aquí apenas dos meses."

Después de tres meses, el segundo del jefe vinó a vernos. Le dijimos que estábamos muy bien--la comida buena y las bebidas nos habían fortalecido. Estábamos listos para ir a ayudar gente. El dijo que nos llevaría a experimentar algo en la selva. Le pregunté si yo recibiría una pistola. El dijo, "¡No!"

El jefe segundo comenzó a entrenarnos. Las seciones de entrenamiento eran desde las 5:00 a.m. hasta el mediodía. Mi amigo dijo, "¿Qué? ¿Cinco de la mañana? Aún estoy dormido."

A las 4:30 a.m., los silbatos sonaron. El grupo aún dormía. Los soldados nos gritaron, "¡Despierten, despierten; nada más les queda media hora! Hagan fila en el campo. Cuando oigan los silbatos, siguen a el lider de Liberación Camboyana."

El primer día nos dieron demasiado entrenamiento. Todos estábamos cansados. Ninguno de nosotros tenía experiencia como soldados. Al mediodía, comimos. Entrenamos el siguiente día, y el siguiente día y el siguiente. Una semana después, entrenamos de cinco a doce, luego, comimos, luego el silbato sonó de nuevo, nos preguntamos, "¿Qué? ¿Otra vez?"

Ese día nadamos después de la comida por una hora seguida. El siguiente mes entrenábamos técnicas de combate Camboyanas, Tailandesas y Francesas. El cabecilla nos decía, "Todos ustedes lo están haciendo bien. Aprendieron buena técnica. En seis meses, ustedes pasarán a ayudar a la gente a salir."

Todos los días, siete días a la semana, entrenábamos. Ellos nos observaban para ver quien era el más listo, más rápido y bueno usando las técnicas de combate. Después de dos meses y medio de entrenamiento, el segundo jefe nos vinó a decir que habían visto que algunos de nosotros éramos muy listos y no necesitábamos entrenar por los seis meses. Algunos de nosotros estábamos preparados para ir ya.

Fuimos de regreso al campamento y platicamos entre nosotros. Nos preguntábamos quien estaba listo. "¡Yo! ¡Yo!" Todos queríamos dejar de entrenar. Era duro. Teníamos que arrastrarnos en el suelo mientras nos disparaban por encima balas de verdad. Habían desechos humanos en el suelo en los cuales alguien se deslizaba.

Yo pensaba, "Necesito ir yo. Yo tengo a esa gente en el ojo de mi mente. Yo se como ayudarlos a escapar."

Después de tres meses, mi energía había regresado. El ejercicio nos hizo más fuertes.

El proximo día el Gran Jefe trajo una lista de nombres. Aquellos en la lista estaban preparados para dejar de entrenar, y podían cuidarse por si mismos. De los ciento siete, diez nombres estaban en la lista. ¡Yo era el segundo en la lista! Yo dije, "¡Oh! ¡Estoy en la lista!" Yo sabía que estaría llendo a Camboya a recatar gente.

Entrenamos otra semana y luego tuvimos pruebas por una semana. Diez de nosotros fuimos separados de los otros. Nosotros dormíamos juntos, comíamos juntos y nos convertimos en grandes amigos.

Nos llevaron a todos los ciento siete a una bodega. Dentro estaba un mapa en una pantalla gigante. Ellos preguntaron si había ido a la escuela en Camboya y si era bueno en matemáticas. Ellos nos sometieron a una prueba a todos nosotros. Yo pasé de inmediato. Nos enseñaron el mapa donde los Jemeres Rojos estaban localizados.

El segundo día, ellos sacaron cañones, bombas y minas para enseñarnos los tipos diferentes y para que se utilizaban. Algunos, como los B-69 eran usados para estallar camiones, tanques y edificios. Otros como los más pequeños B-60, eran usados para volar gente. Obtuvimos tres días de entrenamiento en uno. Ellos nos capasitaron en las formas, tamaños y origenes de las minas. Había una mina especial de China que teníamos que buscar si estábamos cruzando por el agua. Aprendimos como colocar minas y como descubrirlas y como removerlas en la jungla. Aprendimos a encontrar trampas hechas de bambú y a buscar la mina 69.

La mina 69 era más o menos del tamaño de una bote de un litro. Tenía tres púas encima. Estaba diseñado para ser colocada en el suelo con una hoja encima. Si alguien pisaba sobre la mina, en cuanto quitara el pie, la bomba se dispararía cinco pies hacia arriba en el aire y explotaría en un círculo de treinta y cinco pies.

Nos mostraron minas antitanque que requieren muchas libras de presión para estallar. Nos enseñaron como desarmarlas. Después, nosotros jugaríamos con estas grandes minas, usandolas como pelotas y juguetes luego de quitarles la espoleta.

Una semana después, fuimos llevados a la selva para una prueba. Ellos la tenían instalada. Ellos habían puesto minas en todas partes en la selva. Todos fuimos mandados en diferentes direcciones. ¿Podríamos cruzar la selva e ir sobre cerros con bombas y minas en todas partes? Siempre teníamos que mirar alrededor buscando las minas y las trampas. Si encontrabas tres minas, pasabas la prueba. Tenías una semana. Los soldados caminaban atrás de nosotros para ver como nos comportábamos. Las bombas y las minas no tenían explosivos dentro. Eran falsas para que ninguno de nosotros resultara herido.

No tardé mucho en encontrar dos minas. Una estaba en un árbol. Luego ví tres agujas saliendo de las hojas en el suelo. Era una mina 69. Quité hoja por hoja. Luego la saqué. Encontré la tercera en una cuesta. Ví una aguja asomarse del suelo. Era de las que tenían un cordón invisible. Ese primer día, encontré tres minas. Ellos me chocaron la mano y me dijeron, "¡Bun, tú eres muy inteligente! ¡Tú ya terminaste--ya tienes tres! Tú puedes regresar al campamento."

Yo fui el primero en regresar. Siete muchachos nunca hallaron ni siquiera una. Cuando pasé la prueba, un soldado me llevó a ver al

Gran Jefe. El me dijo, "Felicidades, tú eres un niño muy inteligente. Ahora ya puedes ir a ayudar gente."

Ese día ellos nos llevaron a un entrenamiento más extensivo. A mi me enseñaron como usar cada pistola y cual arma era la mejor para diferentes tipos de pelea.

En la guerra de la selva, nuestro Gran Jefe prefería la AK-47 que es más pesada que la M-16 y explicó porque. El dijo que ellos habían puesto a prueba estas armas en la selva. El explicó como a las AK-47 Chinas las habían metido y sacado del agua sucia. Disparaban perfectamente. Sin ningun problema. Ellos tomaron las M-16 Americanas, las mojaron y el cañon se les partía cuando eran disparadas. Luego ellos sumieron las armas en lodo hasta dejarlas bien sucias. Las AK-47 dispararon sesenta balas. La M-16 se encasquillaron. Luego dispararon a hileras de árboles de plátano. Las balas de las M-16 cruzaban dos árboles y en el tercero se quedaba incrustada. Las AK-47 cruzaban cuatro árboles. Eso significaba que en batalla real, la AK-47 dispararía a través de dos soldados facilmente. La bala de una M-16 se detendría en el primer soldado. Ellos nos dijeron que si disparábamos quince series con una M-16, el cañon se calentaba y se podría partir. Las AK-47 podían hacer treinta y seis series de disparos sin ningún problema. En conclusión, en la guerra en la selva, la AK-47 era una arma superior. La AK-47 tenía más alcance y no se encasquillaba. Esto era muy importante en la batalla contra los Jemeres Rojos en la selva.

Nos enseñaron como desarmar la AK-47 con los ojos vendados. Llegué al punto de poder armar la AK-47 más rápido con los ojos cerrados.

Nosotros jugábamos así, desarmábamos y armábamos los rifles rapidamente. Los soldados lentos, boca abajo en cuatro, tenían que cargar a los soldados rápidos en sus espaldas alrededor en círculo. Esto hacía reír a todos.

Nos dijeron que cada grupo de diez soldados se les daba un cañon de 60-milimetros y otro de 80-milimetros por si acaso se cruzaran con tanques o encontraran Jemeres Rojos escondidos en edificios.

También nos sería dado una ametralladora que podía disparar cien rondas en diez segundos. Esta arma era mas poderosa que la AK-47. También era muy pesada. Tenía tres patas, las cuales se desdoblaban cuando la sentabas en el suelo. Nos dijeron que cada grupo de diez podrían llevar una de estas con ellos. Más tarde aprendería a tenerle cariño a esta arma.

Nos enseñaron como ser precisos con los cañones B-69 y B-60. Estos cañones de hombro disparaban bombas a una larga distancia. Con entrenamiento prudente aprendimos a elegir blancos y eliminarlos con gran precisión. Seis bala/bombas era todo lo que un soldado podía llevar con esta arma. Eran muy pesadas. Cuando disparabas uno de estos cañones, salía fuego por un lado y la bala iluminaba el cielo.

El terreno del Oeste de Camboya. El Campamento de Liberación estaba a un lado de una montaña como esta, a tres horas y media a pie de la frontera con Tailandia.

19

Mi Primera Misión de Libertad 1979

Después de mis semanas de entrenamiento, yo estaba muy ancioso por ir a mi primera misión. Descansé por una semana sin hacer nada. Regresé para estar con los otros reclutas.

Durante el día, cuando siete de ellos estaban aún en la prueba, tres de nosotros fuimos con la demás gente y jugar con ellos. Ellos nos dijeron, "Cuando se vayan, nosotros tenemos comida para que lleven."

La mañana siguiente, yo platiqué con el Gran Jefe y le pregunte cuando estaría llengo a Camboya. El me dijo, "Tómate otra semana de descanso."

Despues de otra semana de descanso, buena comida y dormir bien, nos alistamos para partir. Teníamos tres personas en mi grupo y cuatro Soldados de Liberación Camboyana.

La gente del campamento nos trajeron comida. Ese día, siete de nosotros nos alejamos del campamento a pie. Después de todo el entrenamieneto, yo estaba seguro que me darían una pistola. Pero en lugar de pistola me dieron costales pesados de comida. Mi arma era un palo con un cuchillo atado con cinta en la punta. Unicamente los soldados llevaban pistola.

Yo cargaba una mochila grande cargada con una bolsa de 60 libras de arroz, latas de comida, carne, dulces, una linterna, curitas y ropa extra. Mi mochila pesaba mas de cien libras. Yo pesaba cerca de noventa y nueve libras entonces. Nosotros seguimos los soldados. Me dolía la espalda. Caminábamos despacio por una milla y tomábamos un descanso. No había manera de caminar más tiempo sin descansar.

Un día después entramos a la selva. El terreno era difícil, al caminar lentamente. Para obtener energía, yo pensaba en los Jemeres Rojos y la gente muriéndose de hambre. Yo enfurecía. Yo quería salvar a la gente. Esto me daba fuerza para caminar con la carga pesada.

Yo le pregunté a los soldados cuanto tiempo faltaba para llegar. Ellos me dijeron, "Cuatro días con estas cargas pesadas. De regreso, será más ligero. Nosotros llevamos toda esta comida para la gente allá."

Nosotros vimos monos y pájaros en la selva. El suelo y las hojas estaban cubiertas con sanguijuelas. Cuando descansábamos, sentí algo que me hormigueaba alrededor de mis dedos. Me quité las botas y encontre sanguijuelas entre mis dedos llenandose de sangre. Los soldados vinieron y me dieron sal en un pedaso de garra. Nos dijeron que nos la frotaramos por las piernas. Esto mantendría alejadas a las sanguijuelas. Los soldados me dieron una curita para bloquear el sangrado cuando halara las sanguijuelas al quitarlas.

Este era el primer día en toda mi vida que había caminado una larga distancia usando botas pesadas en mis pies. Yo no estaba acostumbrado a tener zapatos. Caminamos y nos detuvimos, caminamos y nos detuvimos, por dos días. Entonces encontramos un lugar para esconder la comida. Los soldados dijeron que estábamos a dos días de la ciudad, pero que sólo tomaría un día cuando regresarámos con la gente. Iríamos rápido y ligeros. Dejamos siete mochilas de comida en ese lugar.

Caminamos por dos días más. Vimos una enorme serpiente, tan ancha como una cubeta de cinco galones. Seguimos la trayectoria de la serpiente para no hacer otro camino. Oramos por la serpiente para que nadie la matará. Las serpientes eran consideradas el rey y la reina en la jungla Camboyana. Pedimos la ayuda de la serpiente cuando fueramos a ayudar a la gente.

Muy pronto llegó la noche. Ahí descansamos, lejos de la serpiente. Un día más y estaríamos en la ciudad. Apilamos ahí la comida extra bajo una tienda de campaña y dejamos dos soldados ahí para proteger la comida.

Nosotros continuamos comiendo pescado seco y agua por un día. También llevábamos comida especial para aquellos que tenían hambre. Caminamos medio día antes de llegar a la ciudad. Los soldados conversaban con nosotros acerca de técnicas, como entrar a la ciudad y como acercarnos a la gente. Un soldado se quedó atrás para avisar del peligro. Un soldado y mi grupo se alejaron en tres direcciones diferentes. En una hora, todos regresamos para contar cuanta gente habíamos visto y a quien habíamos conocido allí. Nosotros habíamos visto mil quinientos adultos en la ciudad que trataríamos de sacar de ahí.

Por tres noches planeamos nuestra estrategia. Los soldados nos dijeron que aunque nosotros estábamos ahí para ayudarles, la gente nos tendría miedo. Los Jemeres Rojos los habían hecho tener miedo a todo. Nos indicaron que teníamos que engañar a la gente para que vinieran con nosotros. Yo me dije a mí mismo, "Esta es la primera vez que ayudo." Me preocupaba mucho porque había muchísima gente.

Ese día entre en la ciudad. Me quité el uniforme y me vestí de blanco como la gente de la ciudad. Ví gente caminando y platicando. Encontré un anciano y una anciana caminando juntos. Le pregunté a él, "Tío, a donde se dirigen."

El dijo que él iba a conseguir algo para comer. Le pregunté por sus hijos. Me dijo que los Jemeres Rojos se los habían llevado lejos. Le pregunté que era lo que comían y me respondió que lo que encontraban. El dijo que no habían comido por dos días. Le pregunté donde estaba la gente de la ciudad y me dijo que ellos estaban en la selva buscando comida.

El me preguntó de dónde había yo venido. Le dije, "De la otra parte de la ciudad."

Ellos vieron que mi cuerpo y mi piel se veían diferente. El dijo, "Tu ciudad es mejor que la de nosotros. Tú tienes carne en los huesos."

Yo dije, "Nosotros trabajamos duro y tenemos un poco de comida de sobra. Los Jemeres Rojos preparan comida para nosotros."

Les tenía que decir eso para que vinieran con nosotros. Si le decía que éramos Soldados de Libertad Camboyana no me creería. Yo estaba vestido como él, de blanco. No tenía ninguna evidencia que yo era un soldado y estaba ahí para rescatarlo. Nadie en la ciudad sabía acerca de el Ejercito de Libertad Camboyana.

El dijo, "Quizás iremos para allá."

Yo dije, "Si, yo puedo decirle donde encontrar comida. ¿Qué tan lejos está su casa?"

El dijo que estaba a diez kilómetros. Le pedí que me mostrará su mochila y ví que unicamente tenía una papa redonda de un pie.

Le pregunté, "¿Usted solamente tiene una papa?"

"Sí."

Entonces le pregunté al anciano, "¿Puede sentarse y platicar con nosotros?"

Nos sentamos todos juntos y yo pregunté, "¿Dónde trabaja ahorita?"

El dijo que ellos estaban en llamada. A veces los Jemeres Rojos los hacian trabajar y otras veces no trabajaban. En sus días de descanso ellos buscaban comida. Le pregunté cuanta gente había en su ciudad.

El dijo, "No muchos, tal vez mil. Esta ciudad no es buena. No hay comida, entonces la gente se va. Cinco o diez familias justo fueron a buscar otro lugar."

Pregunté, "¿Qué me dice de los Jemeres Rojos? ¿Vienen a cuidar de ustedes?"

El dijo, "A veces ellos vienen, otras veces no."

Volví a preguntar, "¿Cómo se encuentra usted?"

El dijo, "Algunas veces tenemos suerte y encontramos fruta, otras veces nos vamos a la cama con hambre."

Seguí preguntando, "¿A usted le gusta la comida buena?"

El levantó las manos como para orar. El dijo, "No importa si tenemos que trabajar duro, si nos dan buena comida."

Yo dije, "¿Puede hacerme un favor?"

El dijo, "¿Qué puedo hacer por usted?"

"¿Me puede seguir? Yo le puedo encontrar algo para comer, solamente sígame."

El dijo con miedo en su voz, "¿Estás seguro?"

Yo se lo volví a asegurar. "Yo me veo como su hijo, y usted se ve como mi padre. Tengo diez y siete. No le haré daño."

El dijo que sus hijos tenían dieciocho, diecisiete y dieciséis, un muchacho y dos mujeres.

Yo pregunté, "¿Cuándo se separaron de usted?"

"En 1975, cuando los Jemeres Rojos se apoderaron de la ciudad. Desde ese día no los he visto."

Yo pregunté, "¿Puede decirme sus nombres? Tal vez los encuentre en mi ciudad."

Entonces levanté una piedra plana. Ellos escribieron los nombres en la piedra y la pucieron en mi bolsillo. Le dije que si los encontraba, yo le avisaba.

El preguntó dónde se encontraban mis padres y yo dije que vivían conmigo. Yo afirmé que ellos comían bien y que tenían muchas cosas. Le dije que él podía ir a mi ciudad, "Usted me conoce ahora."

Le pregunté otra vez, "¿Cómo pueden ustedes caminar lejos de su casa? ¿No los encontraran los Jemeres Rojos?"

El dijo, "No, los Jemeres Rojos ya saben que no tenemos comida y tenemos que buscar en la jungla."

Le pregunté si quería venir a mi ciudad por comida. El me preguntó que tan lejos. Le dije, "Un día caminando."

El platicaba con su mujer, "¿Podemos ir con este muchacho?"

Su mujer le dijo, "Ese muchacho no mentiría. Si él dice que ellos tienen comida, entonces ellos tienen comida. Nosotros no hemos comido, ¿por cuántos días?"

Les dije, "Quizás es tiempo de que ustedes vengan a ver mi ciudad. Ustedes pueden invitar a otra gente a venir a conseguir comida a mi ciudad."

Entonces yo dije, "Mamá y Papá, ¿Están listos? Vamos."

El dijo, "Sí." Caminamos hacia la selva.

Le dije a uno de los de mi grupo que fuera por delante, cogiera algo de comida y nos encontrará a la mitad del camino. Caminamos y conversamos en voz baja hasta que encontramos al soldado regresando con comida. El ya se había quitado la ropa blanca de trabajador y se había puesto su uniforme del Ejército de Liberación.

Ellos lo vieron y preguntaron, "¿Quién es él?"

Le dije, "No tengan miedo. El es de los nuestros."

Ellos preguntaron, "¿Cómo hacen esto? Sus ojos se les abrieron muy grandes."

Continuamos caminando directo hacia el soldado con la comida. Cuando llegamos ahí, el soldado abrió su paquete y sacó algo de comida para que la gente comiera.

La esposa dijo que no podia creer que había encontrado gente buena. Mi grupo y yo lloramos juntos cuando ella dijo eso.

El hombre dijo, "Me caes bien, muchacho."

Cuando el dijo "muchacho" mi corazón saltó. Yo recordé a mi la voz de mi mamá y empezé a llorar.

Le dije, "Usted me cae bien, también."

Entonces el hombre oró por nosotros. Luego nos sentamos a compartir nuestras historias. Pregunté si ellos sabían de mis padres. Ellos no sabían nada.

Estaba temprano en el día y yo quería regresar a la ciudad en busca de más gente, pero estuvimos ahí conversando un poco más.

El hombre me preguntó de donde venía y a que se dedicaban mis padres. Yo les conté como los Jemeres Rojos me interrogaban, como me dieron ropa blanca y me separaron de mi familia. Les dije como yo trabajaba veinte y tres horas al día sin suficiente comida, sin dormir lo suficiente y como mi cabello se me había caído.

Les dije, "Mamá y Papá, ustedes son afortunados. Ustedes pueden caminar por ahí y buscar comida. En años pasados, yo no podía ir a ningún lado. Los Jemeres Rojos me vigilaban a cada minuto.

Yo comía un cucharón de arroz y sal al día hasta que los Soldados de Liberación Camboyana me encontraron."

Les expliqué como yo también, al igual que ellos, cuestionaba quien eran los Soldados de Liberación cuando los ví por primera vez; como ellos nos habían llevado comida; como todos los de mi grupo habían escapado esa noche con ellos; como unicamente un soldado nos llevó a un lugar seguro. Les conté como mi cuerpo era solo pellejo con huesos cuando llegué al Campamento de Liberación, pero ahora después de sólo tres meses de descanso, había regresado a ayudar a encontrar gente porque yo sabía que no tenían comida. Yo había recordado el hambre y como yo comía cualquier cosa que se me acercaba.

El hombre dijo, "Es tiempo de hacer algo, porque los Jemeres Rojos no les importamos nosotros jovenes o viejos. Ellos nos usan a todos como esclavos."

Yo le dije, "¿Me puede hacer un favor?"

El dijo, "Si, lo que sea. Yo tengo un poco de energía después de comer."

Le pregunté cuanta gente había en la ciudad. El no estaba seguro. "La gente va y viene. La ciudad esta muy tranquila."

Le dije, "Mañana vamos a entrar a la ciudad en busca de gente. Vamos a platicar con ellos. Usted les dice que encontraremos un mejor lugar con comida buena. Díganle a la gente que le digan a los demás."

El me dijo, "¡Muchacho, esta clase de comida es difícil de encontrar! Cuando les diga, ellos vendran en un segundo."

La mañana siguiente, regresamos a la ciudad. Yo dije, "Díganle a todos que no se vayan a equivocar. No le digan a la gente que somos Soldados de Liberación Camboyana."

El dijo, "Muchacho, yo soy lo viejo suficiente para tener cuidado al hablar con la gente."

Le dije a él que nos encontraríamos exactamente a mediodía en el mismo lugar.

Cuando él regresó, él dijo, "Cuando la gente me vió, ellos sabían que algo pasaba. Una noche con comida me cambio. Algunas personas quieren salir. Ellos no tienen comida y les dije que había encontrado algo de comida."

Le dije, "Tenemos que sacar a todos de aquí, enseguida--no esperar. Le daré cuatro o cinco horas y alrededor de nueve o diez esta noche partiremos."

Dijo que habían alrededor de mil personas. Dejé claro que teníamos que sacar a todos. Los Jemeres Rojos matarían a todo aquel que dejaramos.

"Regresa a decirles que se preparen para esta noche."

El me dijó, "No te preocupes; tenemos suficiente tiempo."

Alrededor de las 9:30 p.m. Colocamos doce minas en las afueras de la ciudad donde estaban los Jemeres Rojos. Estaban programadas para explotar solas. La primera explosión ocurrió a las 10:00 p.m. Los Jemeres Rojos miraron en esa dirección, no veían hacia la parte de la ciudad donde la gente estaba saliendo. Momentos después, bombas explotaban cada diez segundos.

Mis soldados y yo entramos y sacamos a la gente. Algunas personas tenían bebes. Yo pregunté cuantos bebés habían. Mamá y Papá dijeron que habían entre sesenta y setenta bebés. Yo me acordé de mi hermano pequeño y como los Jemeres Rojos oían llorar a un bebé hambriento. Yo les dije que tenía comida especial para darlé a los bebés. Cuando lloraban, nosotros poníamos esta comida en su boca para que masticaran.

Los soldados estaban enfrente y uno estaba en la retaguardia con tres de nosotros, para asegurarnos que los Jemeres Rojos no nos siguieran.

Dejamos un par de minas atrás de nosotros en el camino. La gente se movía muy a prisa. Yo no traía arma para protejerme y estaba muerto de miedo. Caminamos por la jungla hasta la media noche, entonces descansamos. La gente tenía miedo detenerse. Nosotros les dijimos que era seguro, pero teníamos miedo también. Nosotros nos detuvimos porque no sabíamos donde estaban nuestros soldados. De alguna forma nos habíamos separado. No teníamos armas para protejernos de los Jemeres Rojos, por lo tanto después de un pequeño descanso, continuamos nuestro camino.

Seguimos caminando de noche. Cerca de las 3:00 a.m. nos detuvimos a platicar con ellos. Algunas personas estaban muy asustadas porque nunca antes habían estado dentro de la selva. La gente preguntaba, "¿Hasta dónde tenemos que ir?"

Yo contesté, "No tan lejos ahora. Unicamente dos días más."

La gente decía que querían seguir caminando y no parar, pero nosotros dijimos no, nosotros necesitábamos descansar. Les dijimos que tomaran media hora de descanso. Ellos aún estaban muy asustados. Ellos no sabían a dónde los llevábamos.

Yo bromeaba con ellos, "¿Qué pueden hacer ahora? ¿Pueden encontrar el camino de regreso a casa? ¿Por qué? ¿Qué hay allá?" Les dije, "Yo estuve con los Jemeres Rojos por dos años y medio. Yo sé lo terrible que es."

Les conté como mi cabello se me había caído y como yo estaba sólo piel con huesos.

A las 4:00 a.m. el sol salió y nosotros continuamos un poco más. Alrededor de las 10:00 a.m. nos detuvimos. Estábamos cerca de las siete mochilas con comida.

Mis compañeros fueron y trajeron la comida para la gente, un poquito para cada uno. Les dijimos, este es un lugar seguro porque los Jemeres Rojos sabían que si ellos venían tan lejos dentro de la selva, sería peligroso para ellos.

Ellos preguntaron si yo estaba seguro. Yo dije, "Sólo miren el equipo y la comida."

Ellos preguntaron de dónde venía la comida. Yo les dije, "Tailandia." Ellos dijeron que nunca habían visto la frontera Tailandesa.

Yo les dije, "Ustedes la verán."

La mañana siguiente, mientras caminábamos, abrimos dos mochilas más de comida para compartir con la gente. Todos estaban muy felices. Continuábamos caminando hacia el campamento de seguridad. Caminamos en la selva, porque en campo abierto la ropa blanca sería vista con facilidad.

Llegamos al lugar donde habíamos escondido la comida después de un día. La gente vió los uniformes de Liberación Camboyana de nuestros soldados y se animaron. Algunos de ellos no sabían que aún los soldados de Liberación Camboyana existían. Sacamos la comida y la gente gritaba y aplaudía otra vez.

Poco después partimos. Caminamos todo el día hasta llegar a nuestro campamento. La gente que había escapado conmigo la primera vez se acercó a darle la bienvenida a los nuevos y les dijeron, "Ustedes tendrán una nueva vida de ahora en adelante con comida buena y gente buena."

Entonces fui a donde estaba mi campamento de diez amigos para ver como estaban.

"¿Pasaron la prueba de las minas?" pregunté.

Ellos dijeron, "No, Bun, no es facil encontrar las minas."

Les dije que siguieran intentándolo. "Si no pueden pasar la prueba y ustedes pisan una mina 69, entonces estarán muertos."

Ellos querían saber acerca de mi misión. Les conté de cuando encontramos la gente en la ciudad y como yo había tenido miedo la noche que sacamos a la gente porque todo lo que traíamos era un palo y un cuchillo para protejernos de los Jemeres Rojos. Les dije que había tenido suerte esta primera vez. Habíamos rescatado a mucha gente y solamente muy pocos habían sido heridos al pisar en las minas. Los Jemeres Rojos no nos habían encontrado con sus bombas. Todo había marchado tranquilo. Yo estaba agradecido por no haber salido lastimado.

Después de hablar con mis amigos, fui a ver platicar a la gente de la ciudad, contándole sus historias a los demás y llorando. Demasiadas historias. Caminé alrededor de estas familias y les pregunté si ellos sabían de mi mamá o mi papá. Ellos no sabían nada.

Les dije, "De ahora en adelante, no se apuren; sean felices. Ustedes escaparon de los criminales."

Yo pedí a mis amigos, los que habían escapado conmigo la primera vez, que cuidaran a esta gente nueva. Ellos dijeron que lo harían. Entonces fui a mi tienda de campaña y pensé en mis padres. Si ellos estaban aún vivos, yo los encontraría.

20

Bun Obtiene su Arma
1979

La mañana siguiente, me desperté a las 5:00 a.m. El segundo jefe nos llamó a mi, a mi grupo de siete y a los dos Soldados de Liberación Camboyana, a una junta. El nos agradeció mucho a todos por haber salvado las vidas de la gente. Ahora habría buena comida, buen reposo y no más hambre para esta gente.

Yo le dije, "Cuatro meses han pasado desde que escapé. Entrené muy duro y pasé todas mis pruebas. Usted me mandó a ayudar gente, pero no tenía pistola; unicamente dos soldados tenían pistolas. Cuando sacamos a la gente, mi corazón latía muy aprisa. Yo me preguntaba, '¿Cómo podemos hacer esto? Mucha gente, no suficientes pistolas.'"

Entonces los dos Soldados de Liberación Camboyana hablaron con el Gran Jefe. Ellos le dijeron, "Bun entró a la ciudad la primera noche y encontró a la gente. La segunda noche, el regresó otra vez y encontró más gente. Bun hizó todo el trabajo para rescatar a la gente."

El Gran Jefe dijo, "Gracias, Bun."

Yo dije, "De nada. Era la primera vez para mí."

El nos dijo, "Todos estén bien. Tómense un descanso."

Entonces fui a ver a mis viejos amigos, los ciento-siete. Ellos todavía estaban en entrenamiento.

Ellos preguntaron nos había ido en Camboya. Les dije que era divertido y que era mejor que entrenaran duro para que ellos pudieran ayudar a rescatar gente.

Entonces fui a visitar a las personas que habíamos rescatado y disfruté un tiempo con su compañia.

Pasaron dos días. Mi Gran Jefe me llamó a otra reunión. El me dijo que oyó lo que los dos soldados le habían informado acerca de mi esfuerzo cuando fui a Camboya. Luego le dijo a los soldados que trajeran un estuche. Yo no sabía lo que había dentro. El segundo jefe abrió el estuche. Yo ví un AK-47 nuevo.

Ellos nos entregaron AK-47s a mi y a mis tres amigos. Mi Gran Jefe dijo, "Ahora ustedes tienen armas para su protección. Esta arma es su vida. Llévenla a todas partes. Duerman con ella. No la suelten de su mano."

Ahora teníamos armas de fuego y muchas balas. Estábamos emocionados. Ahora podíamos dispararle a cualquier cosa que quisiéramos. Yo le dije a mi amigo, "Hemos tenido una semana de descanso, vamos a sacar más gente de Camboya."

"Sí," dijo él, "teníamos las manos vacias y estábamos muertos del miedo. Ahora tenemos armas. Vamos otra vez."

Fui a hablar con el Gran Jefe. Le dije que quería ir a ayudar gente. El dijo, "¿Te sientes mejor ahora, Bun?"

Yo respondí, "Estoy bien."

El dijo, "Si te sientes mejor mañana, regresas y te preparas para ir."

Yo fui a ver toda la gente nueva para ver como estaban. Ellos se acercaron a mi y dijeron, "Gracias muchacho. Tú salvaste nuestras vidas."

Ellos preguntaron que podían hacer por mi. Yo les dije, "Los Soldados de Liberación Camboyana me salvaron, entonces ahora yo quiero ayudar a la demás gente."

Les dije, "Voy a Camboya de nuevo. Tenemos a mi grupo más seis soldados, con ellos somos diez."

Ellos alistaron suficiente comida para nosotros llevar para esa semana. La mañana siguiente, toda la gente que habíamos rescatado se levantó para vernos partir. Ellos oraron por nosotros. Luego nos fuimos.

Un día después, en nuestra segunda noche fuera, estábamos descansando. Estaba casi obscuro. Le dije a dos de mi grupo que caminaran una milla alrededor de donde estábamos para investigar. Ellos vieron cerca de quince Jemeres Rojos sentados preparando la cena. Más de nosotros fuimos a mirar. Vimos alrededor de cincuenta de ellos. Ellos gritaban y hablaban en voz alta.

Unos de nuestros soldados vinieron y nos dijeron que había más Jemeres Rojos detrás de nosotros, por lo tanto necesitábamos encontrar otro camino fuera de allí.

Yo hablé con mis soldados. Nosotros éramos sólo diez y ellos tenía más de cincuenta. Nosotros pensábamos, "Quiza ellos sabían que estábamos aquí y que veníamos a rescatar a la gente."

Sin hacer ruido nos nentamos, pensando como salir.

Vimos a dos Jemeres Rojos que venían, directo en nuestra dirección. Nosotros decidimos tomarlos rápido y en silencio. Los agarramos vivos sin hacer ruido. Los otros Jemeres rojos estaban como a una milla de retirado. Los dos que capturamos podrían haber estado perdidos. Gritamos, "¡Captúrenlos vivos!"

Ellos soltaron sus armas y levantaron las manos. Los atamos y les cubrimos la boca. Les preguntamos ¿Cuántos eran? y ¿Porqué estaban ellos en ese lugar? Ellos dijeron que estaban patrullando y que habían venido a encontrar a la gente que había escapado. Ellos tenían miedo y se habían orinado en los pantalones. Un soldado me dijo, "Mi nombre es Meng." El lloraba, "¡Por favor no me maten!"

Yo dije que no los mataríamos; nosotros éramos Soldados de Liberación Camboyana y nosotros no matábamos la gente. Atrapábamos a los Jemeres Rojos vivos.

Uno de mis soldados dijo, "No traten de correr. Si lo hacen, les dispararé en la pierna."

Les preguntamos cuántos de sus hombres estaban por ahí alrededor. Ellos nos dijeron que eran muchos, por eso nosotros retrocedimos.

Yo platiqué con los Jemeres Rojos otra vez. Les dije que lo que había dicho mi soldado era verdad; si ellos trataban de correr nosotros les dispararíamos en la pierna.

Meng dijo, "Yo no correré ya."

Entonces tomamos a los dos Jemeres Rojos y los pusimos atrás de nuestro grupo. Nosotros nos quedamos con sus AK-47s.

Dos horas más tarde, escuchamos el ruido de las pistolas. Les pregunté a los muchachos Jemeres ¿quién estaba peleando contra quién? Ellos dijeron que esa tarde ellos vieron unos Soldados de Liberación Camboyana y pelearon con ellos.

Cinco de nosotros fuimos a ver. Podíamos oir el combate no muy lejos de nosotros. Cuando nos acercamos más, pude ver soldados vestidos con el mismo uniforme que nosotros. Disparamos tres veces--esa era la señal que yo podía verlos. Ellos dispararon tres veces para señalarnos que ellos vendrían en nuestro encuentro.

Ellos llegaron y nos dijeron que habían muchos Jemeres Rojos alrededor y que tomaría al menos una hora para combatir con ellos. Cuando pregunté a dónde iban, ellos dijeron que a Camboya a sacar gente de ahí.

Les dije, "Es algo bueno haberlos conocido--nos podemos ayudar uno al otro."

Les dije que trajeran a su cuadrilla para acá. Sus quince más nuestros diez sumaron veinte-y-cinco. Entonces regresamos al lugar donde los otros cinco de mi grupo nos estaban esperando. Ellos dijeron que habían peleado con los Jemeres Rojos por una hora sin nadie ganar o perder.

La mañana siguiente, mandamos dos de nuestros soldados a casa con los dos prisioneros. Nuestro Gran Jefe había dicho que capturaramos Jemeres Rojos y los mandaramos vivos de regreso para poder mostrarles a las autoridades Tailandesas que estábamos combatiendo contra los Jemeres Rojos. De esta manera el govierno Tailandes mandaría comida a nuestro campamento.

Eso nos dejó con ocho de nuestro grupo más los quince nuevos. Desde ahí fuimos directo hacía la ciudad Camboyana.

Mientras nuestro grupo se acercaba a la ciudad, nos recordamos uno a otro que los Jemeres Rojos podrían saber donde estábamos porque nosotros habíamos combatido con ellos un día antes.

Nosotros llegamos al orilla de la selva y nos dividimos en dos grupos. Yo me quedé con ocho. Llegamos a la ciudad y podíamos ver Jemeres Rojos por todas partes. Ellos nos estaban esperando.

Le dije a mi grupo, "Esto no está nada bien. No estamos aquí para pelear, sino para salvar gente. No tenemos suficientes armas ni soldados para enfrentarnos a todo el ejercito de los Jemeres Rojos."

Mi grupo alrededor de la ciudad buscaba una forma de entrar. Los Jemeres Rojos nos descubrieron y empezaron a disparar. Le dije a mi grupo que disparara rapidó. "No avancen."

Continuamos retrocediendo y disparándole a los Jemeres Rojos hasta que sus pistolas aplacaron.

Le dije a mi grupo, "Vámonos a casa. Ya hemos tenido dos enfrentamientos con los Jemeres Rojos. No queremos perder a nadie ni salir heridos. Nosotros no estamos aquí para matar a nadie."

21

Los Hermanos de Sangre
1980

Luego de regresar al Campamento de Liberación, fui a ver al Gran Jefe. Le platiqué acerca de nuestras batallas con los Jemeres Rojos. El dijo que habíamos hecho lo correcto al regresar. El estaba agradecido que nadie estaba herido. El nos dijo que tomárámos un descanso.

Fui a platicar non la gente nueva y preguntarles cómo estaban. Les dije, "No se preocupen; la gente cuidará de ustedes."

La mañana siguiente, el Gran Jefe me llamó y me dió treinta soldados más. Le dije que tendría que entrenarlos primero. El dijo, "Bun, haz lo que tengas que hacer."

Yo llevé a los soldados y les mostré como escapar, como esconderse y como pelear.

Los dos Jemeres Rojos que habíamos capturado fueron puestos a trabajar en la bodega de comida. Yo pensé que eso les acomodaba bien, que los Jemeres Rojos que habían estado a cargo de matar a la gente de hambre ahora estaban a cargo de alimentarlos.

El Jemer Rojo prisionero de nombre Meng platicaba conmigo todos los días. Yo podía ver que le caía bien. El me buscaba y me decía que quería acompañarme de vuelta a Camboya para ayudar a rescatar gente. Yo le dije que no confiaba en él. Los Jemeres Rojos habían asesinado a tanta gente.

Todos los días que yo estaba en el Campamento, Meng me buscaba y me preguntaba si él podía convertirse en soldado. Yo le repetía, "No, sigue trabajando para alimentar gente."

Un día cuando Meng me encontró, le pregunté por qué él se había convertido en Jemer Rojo.

El me dijo que no tuvo otra opción. Ellos habían capturado a su familia y habrían matado a sus padres si él no se convertía en soldado. El me dijo que después de haberse unido a ellos, ellos mataron a su familia de cualquier modo. El era huérfano ahora.

A partir de ese momento mi grupo estaba bien ocupado. Yo continuaba pensando en toda la gente muriéndose de hambre en las ciudades. Yo pensaba en mis padres y mi familia. Cada día en el campamento me volvía más impaciente. Yo no podía permanecer en el campamento por más de tres días. Yo tenía que regresar a Camboya y salvar gente y buscar a mis padres.

Yo llevaba a mi grupo a misiones de rescate dos veces al mes. De la mayoría de las ciudades podíamos sacar dos o tres-cientas personas a la vez. También hayamos mucha gente perdida en la jungla la cual trajimos al Campamento de Liberación.

La vida continúo de esta manera; dos semanas en una misión, descansar en casa por tres días y luego ir de nuevo a otra misión.

En cada misión yo preguntaba a la gente en la ciudad si ellos sabían de mis padres. Ellos nunca sabían nada. Eventualmente renuncié a la esperanza de algún día encontrarlos. Ahora salvar la gente era mi razón para ir.

Durante mi pequeña estancias en el campamento, mis soldados y yo juntos jugábamos juegos. Uno de nuestros favoritos era juntar todas nuestras AK-47s desarmarlas y revolver las piezas. Entonces nosotros teníamos que armarla a ver quien lo hacía más rápido. Partes de AK-47 eran intercambiables. Tú puedes tomar partes de otra arma y ponersela a tu arma. Esto era divertido. Nosotros siempre le dabamos al ganador un premio pequeño. El soldado que era el último o no podía armar su arma, tenía que hacer lagartijas. Para hacerlo mas divertido, nos sentábamos en sus espaldas para hacerlo trabajar más duro.

Un día, después de haber regresado de una misión con más gente, Meng se me acercó otra vez y me preguntó si él podía unirse a mis soldados. Ese día yo me senté a platicar con él. Yo le pregunté si él había matado gente con los Jemeres Rojos. El me dijo que nunca lo hizo. El dijo que él no le disparaba a nadie.

De nuevo, Meng me preguntó si él podría ir a Camboya en la próxima misión. El dijo que él sabía dónde había oro saqueado y joyas dejado por los Jemeres Rojos. El dijo que él nos ayudaría a encontrar el oro y mantenernos lejos de los Jemeres Rojos.

Yo fui con mi Jefe y le comenté acerca de Meng, el oro y su petición de unirse a mi grupo.

El Gran Jefe desconfiaba mucho de él. "El duro años asesinando nuestra gente. ¿Cómo puedes confiar en él.?

Le dije a mi Gran Jefe que Meng dijo que él nunca mató a nadie. Mi Jefe me dijo que tuviera mucho cuidado.

Decidí llevar a Meng a mi próxima misión. El estaba vigilado por mis soldados veinticuatro horas al día. No correríamos ningún riesgo.

Fiel a su palabra, Meng nos llevó sin peligro pasando los Jemeres Rojos. Camino a casa con la gente, Meng nos llevó a depósitos grandes de joyería de oro dejado en ciertos lugares en la selva. Mis soldados llegaron a casa con relojes, anillos y joyería la cual ellos pusieron sobre las mesas para que nuestro Gran Jefe pudiera ver lo que habíamos encontrado.

Luego de eso, a Meng le fue permitido ir a otra expedición. Eventualmente le dije que nada más había una sola cosa que hacer para nosotros dos: convertirnos en hermanos. De esa manera finalmente podríamos confiar uno del otro. En Camboya nosotros tenemos un ritual donde tú y tu amigo se cortan y echan sangre en un recipiente. Luego la sangre se mescla, se le agrega vino y se toma. Desde ese momento en adelante son hermanos. Cuando tú te casas, ellos también se casan. Si tú tienes una pelea, ellos también tienen una pelea.

Fuimos a ver a un anciano sabio que conocía costumbres Camboyanas. El sería nuestro testigo. Seis de nuestros soldados acudieron ese día. Meng y yo nos hicimos las cortadas y mesclamos la sangre en un tazón. El anciano agregó un poquito de vino. Nosotros nos turnamos tomando del tazón.

Meng y yo ahora éramos hermanos de sangre. Tener a Meng conmigo era reconfortante. En mi corazón, me sentía solo en esta tierra; sin hermano, sin hermana, sin papá y sin mamá. Ahora, de los Jemeres Rojos, había encontrado un hermano.

Desde ese día en adelante, cada vez que íbamos a pelear, Meng estaría a mi lado. Yo volteaba con él y decía, "Meng, te dije que te quedarás allá."

El decía, "Bun, me gusta ir contigo para protegerte."

Un día estábamos en una pelea muy dura. Dos de mis soldados que llevaban un cañon de 82 milimetros se calleron. Yo me enojé y dije, "Hey, dénmelo a mí."

Yo tomé el cañon, lo coloqué sobre mi hombro y me retiré. Cuando Meng vió esto vinó y me dijo, "Bun, déjame llevar eso."

Meng y yo nos divertíamos mucho y también trabajamos muy duro ese año. Llendo a la selva cargando las armas pesadas y la comida era trabajo pesado.

Yo enseñé a Meng como desarmar y instalar minas, como leer la selva y como escuchar los disparos para que él supiera en que dirección moverse. Le enseñé como usar la B-40, una ametralladora con tres patas que disparaba cientenar de proyectiles en menos de un minuto. Meng aprendió muy rápido. Como yo, el le gustaba ir a luchar contra el Jemeres Rojos.

Ese año nosotros nunca hablábamos de nuestras familias. Solo decíamos, "Mañana estaremos muertos como quiera."

Después de muchas misiones juntos, fui con el Gran Jefe y le dije que yo quería que Meng estuviera a cargo de mi segundo escuadron. El Gran Jefe me dijo que él confiaba en mi y si yo quería que Meng fuera el lider, dependía de mi.

22

Encontramos Dos Damas
1980

Las misiones se aunaban a otras misiones. Eran demasiadas para llevar la cuenta.

Después de un descanso de tres días, una vez más preparé a mi grupo y les dije que iríamos a otra misión. Como ahora era costumbre en el Campamento de Liberación, los grupos de gente que habíamos rescatado de las ciudades nos dieron comida y oraron por nosotros mientras nos alejábamos.

En el primer día fuera le dije a mi grupo durante el descanso, "Si somos atrapados por los Jemeres Rojos, no les digan dónde está el jefe. Sólo digan que no saben."

Todos comprendieron. Ellos también comprendieron que para eso todos nosotros llevábamos una bala extra en el bolsillo de la manga. Si alguno de nosotros éramos capturados con vida, todos sabíamos que hacer.

Luego de dos días fuera, yo olí algo mal. Olía como a gente muerta. Le dije a mi grupo que quería dar una pequeña ojeada alrededor. Después de quince minutos ví las moscas azules grandes. Había un hoyo grande con un enjambre de moscas azules. Ví muchos huesos ahí, quizas dos o tres-cientas personas. Todos muchachos y bebés pequeños. Me senté en la orilla del hoyo para ver si alguién se estaba moviendo. Nadie respiraba allá abajo. Llamé a mi grupo. Ellos estaban furiosos. Uno de ellos dijo, "¡Déjame ir y matar a todos los Jemeres Rojos!"

Continuamos caminando. No muy lejos, vimos dos personas recargadas en un árbol. Ellos estaban muertos. Nosotros no sabíamos por cuanto tiempo pero ellos estaban como piedra. Entonces, a cincuenta pies de distancia, escuchamos gente llorando. Le pregunté a mi soldado, "¿Escuchas algo?"

El dijo, "¿Los fantasmas lloran como bebés?"

Nos separamos para ir en diferentes direcciones. Caminamos por un ruta angosta. En cada lado habían pozos en el suelo hechos por bombas, con picos de bambú bien filosos saliendo de la tierra. Si te caías del camino estabas muerto. Habían minas en todas partes. Mientras caminábamos nos encontramos con un niñito. El tenía algunos cinco años. El estaba corriendo alrededor con su cabello largo y sus ropas que apenas se sostenían en él. El traía algo colgando de su boca, quizas algún tipo de hierba o planta. Esto era común en la selva; un bebé sentado o caminando cerca de sus padres muertos. Al principio no podíamos entenderlo, pero pronto nos dimos cuenta que los bebés comían cualquier cosa para sobrevivir: tierra, hojas, pasto y cosas muertas. Entonces, al contrario que sus padres, los pequeñitos no se morían de hambre.

Intenté atrapar este niño, pero él continuaba corriendo. Saqué algo de dulce y traté de hablar con él en Camboyano y lenguage por señas. Aún así él no venía. Le dije a mi grupo que formara un círculo y lo atraparán. El niño siguió corriendo de los soldados mietras ellos se le acercaban. El se seguía escabullendo. Cuando ellos lo agarraron él intentó morderlos.

Ellos finalmente lo atraparon, levantándolo con una mano. Tratamos de darle comida, pero él no la quería. Pusimos un pequeño dulce en su boca. Entonces poco a poco, él comía más. Yo dije, "Este bebé pertenece a estos padres que están muertos en el árbol."

Después de haber comido un poco más, él nos siguió. Lo levantamos y lo pusimos en una mochila. Caminamos más por el camino cuando Meng encontró dos damas recargadas en un árbol grande. El me gritó.

El dijo, "Bun, allá hay dos damas."

Yo corrí hacia ellas y toqué sus cabezas. Estaban aún calientes. Una dama tenía sus ojos cerrados. Su corazón estaba latiendo muy despacio...un latido y una larga pausa. Apenas estaba viva.

Las damas solamente tenían alrededor de quince o diez-y-seis años. Les dije a los soldados que las levantaran y las pusieran en una hamaca de dormir para llevarlas cargadas. Les dimos agua despacio. Después de eso, mandé a Meng y siete soldados de regreso a casa con las damas y el bebé. Aquello me dejó con veintidos soldados. Continuamos dirigiéndonos a Camboya.

Un día después, escuchamos un ruido y vimos Jemeres Rojos. Retrocedimos. No pasó mucho tiempo cuando oímos una mina grande explotar y luego gritos y lamentos. Fuimos a ver y encontramos mucha sangre. Entonces vimos todos los uniformes verdes de los Jemeres, hechos trisas y pedazos de los cuerpos volados alrededor por todas partes. Nosotros tratamos de ver donde estaban los Jemeres Rojos, pero no vimos a ninguno vivo, unicamente muertos sin brazos o piernas. Nosotros retrocedimos y fuimos alrededor del lugar a la ciudad. Entramos a una ciudad, pero estaba tranquila. No había nadie alrededor.

Fuimos a otra ciudad. Estaba vacia también, entonces salimos de ahí. Escuchamos una bomba detrás de nosotros. Mis soldados llamaron en la radio diciendonos que los Jemeres Rojos estaban cerca de la comida, entonces corrimos de regreso a ayudar los cinco que habían permanecido protegiendo la comida. Cuando estabamos cerca, disparamos tres veces para ver quien respondía. Tres disparos regresaron y nosotros sabíamos que nuestro grupo estaba ahí.

Los Jemeres Rojos habían disparado cañones B-60 al lugar donde la comida estaba. Mi grupo había retrocedido después de la batalla. Ellos me dijeron por el radio, "¡No vayas para allá. Hay mucho bombardeo!"

Yo podía oír la batalla atrás de mí. Habían cañones grandes y pequeños como también disparos de pistola. Mi grupo me llamó por el radio otra vez y nos dijo que los Jemeres Rojos podrían estarse apoderando de nuestra comida. Les dije que nosotros teníamos que ir para allá. Ellos respondieron por la radio diciendo que tuviéramos mucho cuidado y que habían muchos Jemeres Rojos en el área.

Una de mis tacticas de batalla favoritas se llamaba, "Cuerno de Búfalo del Agua." Era llamado de esta manera porque nosotros encerrábamos en un círculo los Jemeres Rojos con nuestras soldados en forma de cuernos, dejando una abertura atrás para que el enemigo pudiera salir. Nosotros no queríamos enfrentarnos en una pelea a balasos con los Jemeres Rojos. Nosotros queríamos rescatar nuestros soldados y salir rápido. El Cuerno de Búfalo del Agua era especialmente efectiva de noche.

La maniobra del Cuerno de Búfalo del Agua iba de esta manera: Los Jemeres Rojos estarían en un círculo en el campo, con los pricioneros atrapados en medio. Yo me colaba dentro en la noche y verificaría las posiciones de los soldados y los capturados. Entonces regresaría con mis soldados y les decía las posiciones exactas para bombardear. Yo gateaba dentro una vez más e indicaba por radio a mi grupo que bombardeara detrás de los Jemeres Rojos. Los cañones sonarían y los Jemeres Rojos se levantarían corriendo para ver si sus soldados estaban heridos. Cuando los Jemeres Rojos habían corrido lejos de nosotros, yo tomaría a mis amigos de regreso con mi grupo. Nuestros soldados entonces vendrían desde los lados, acercándose a los Jemeres Rojos en forma de Cuerno de Búfalo del Agua. Los Soldados Jemeres saldrían por el espacio en los cuernos. Esto era divertido. Nosotros usábamos buenas técnicas en vez de poner las vidas de nuestros soldados en peligro.

En este caso en particular, diecisiete de nosotros fuimos a recuperar nuestra comida. Formamos un plan. Mandamos cinco soldados hacia la izquierda y cinco hacia la derecha (cerca de 800 metros entre ellos) y entramos usando el Cuerno de Búfalo del Agua. Nosotros disparamos nuestras armas desde los lados, entonces disparamos nuestros cañones hacia el centro. Los cañones B-60 les hablaba a los Jemeres Rojos diciéndoles que retrosedieran de nosotros y que salieran por el espacio en el cuerno.

Yo llevé un par de mis soldados para que caminaran conmigo dentro, mientras mis mi grupo bombardeaba sobre mi cabeza cuando yo daba las instrucciones especiales por la radio.

Media-hora más tarde, me incrusté más adentro del área y le dije a todos los de mi grupo que cerraran el espacio. Por el momento, los Jemeres Rojos se habían ido. Nosotros los habíamos asustado porque ellos pensaban que éramos un ejercito grande. Este era nuestro truco. Diecisiete de nuestros soldados podían separarse y cubrir una larga línea para que pareciera como un número más grande. Los Jemeres Rojos siempre se movían todos juntos. Cuando ellos oían nuestras armas por todas las esquinas, ellos escapaban corriendo.

Ahora, con ellos asustados por un rato, nosotros tomamos todas las mochilas de comida y nos adentramos más en la selva. Cerca del anochecer, escuchamos disparos en frente de nosotros. Ahora estábamos en problemas. Escondimos la comida y fuimos a ver que era. El sol estaba casi abajo, por eso no podíamos ver con claridad. Cinco de nosotros avanzamos hacia el ruido. Pronto, escuchamos gente gritando pidiendo ayuda. Nosotros llamamos a nuestros soldados y les dijimos que estuvieran listos para ayudarnos. Nos acercamos más. Yo dije, "Tenemos que apurarnos porque esto no se oye como Jemeres Rojos. Hay gente que necesita nuestra ayuda."

Encontré un muerto. Estaba aún mojado con sangre. Voltié hacia arriba y ví algo que se movía. Seguí adelante y ví a dos niños que tenían cerca de siete o ocho años. Cuando me vieron, ellos tenían miedo y empezaron a gritar. Les dije, "No teman; nosotros les ayudaremos."

Entonces vimos a un adulto, apenas estaba vivo. Mi grupo me llamó para platicar con la gente que aún vivía y preguntarle que paso.

Ellos nos dijeron que cincuenta Jemeres Rojos habían correteado a la gente fuera de la ciudad y nomás los estaban asesinando.

Después de ver esta gente herida, yo enfurecí. Yo empezé a sudar y me sentí muy mareado. Yo no tenía hambre, solamente estaba muy enojado con los Jemeres Rojos. Ellos nos mostraron por donde se habían ido los Jemeres Rojos. Yo llamé a diez de los de mi grupo que vinieran rápido. Luego pregunté a los heridos más cosas. Ellos dijeron que cerca de cien personas, niños y adultos, habían salido de la ciudad. Algunos de ellos estaban bien.

Diez de mis soldados vinieron; teníamos quince miembros en el grupo. Diez de nosotros fuimos a la selva a buscar la gente de la ciudad que se estaba escondiendo y cinco vigilando si venían los Jemeres Rojos.

Para las 7:00 p.m., habíamos juntado cerca de treinta-y-cinco gentes de la ciudad. Estaba obscuro y ya no oíamos a nadie que respondiera cuando llamábamos.

Esa noche, le dijimos a la gente que se durmiera, pero ellos no podían. Ellos querían encontrar a sus amigos y familias. Les dijimos que teníamos que esperar hasta la mañana. Les dimos comida y les ayudamos con medicina. Junté a mi grupo y les dije que esta cosa terrible había pasado porque los Jemeres Rojos estaban furiosos con nosotros porque nosotros habíamos peleado con ellos esa misma tarde. Ellos habían regresado a la ciudad y sólo empezaron a matar gente.

Para las 4:00 a.m., muchos estaban ya dormidos, pero mi grupo no durmió. Nosotros dejamos que la gente durmiera. Cuando ellos despertaron, empezaron a contarnos su historia. Ellos habían oído a los Jemeres Rojos antes de que ellos empezaran a disparar. Los Jemreres Rojos les dijeron que Liberación Camboyana estaba en las afueras de la ciudad. Una hora después, los Jemeres Rojos comenzaron a bombardiar y disparar y quemar casas. La gente trataba de salir de las casas y correr, gritando muy fuerte, pero ellos eran asesinados.

Alrededor de las 4:30 a.m., diez de nosotros fuimos a tratar de encontrar más gente escondiéndose en la jungla. Yo encontré muchos muertos y a algunos aún con vida. Encontramos un bebé llorando, ambulando alrederor él solo. Encontramos familias enteras que habían sido asesinadas juntas ahí tiradas cerca de sus casas. La ciudad estaba vacia. Nosotros buscamos en cada cuarto, cada esquina, dentro y fuera de las casas. Nosotros barrimos la ciudad, todos en una línea y vimos muchos muertos. Nosotros sabíamos para donde habían estado corriendo viendo en que dirección su cuerpo estaba.

Mientras nosotros avanzamos dentro de la ciudad, encontramos siete personas, muchachos y adultos, todos juntos con piernas y manos rotas. Ellos nos dijeron que continuarámos y nos apuntaron por donde otros más habían corrido.

Nosotros encontramos tres personas más en un hoyo bajo las raíces de un árbol. Nosotros pasamos ese árbol, gritando en busca de gente, pero ellos estaban callados. Cuando regresamos, ellos nos gritaron, "¿Quiénes son ustedes?"

Nosotros dijimos, "Estábamos aquí para ayudar."

Ellos alzaron sus manos en oración y rogando por sus vidas, "Por favor, no nos maten."

Nosotros respondimos, "Nosotros les ayudarémos. ¿Por qué no salieron la primera vez que pasamos? ¿Vieron mi uniforme?"

Uno dijo, "Sí, pero yo creía que eran Jemeres Rojos. Cuando los ví regresando, pedí ayuda. Entonces ustedes me vieron."

Yo dije, "Nosotros somos el Ejercito de Liberación Camboyana."

Le pregunte cuantos más habían, pero ellos no sabían porque ellos no podían ver de noche. Yo dije, "Vámonos de este lugar."

Ellos estaban temblando mucho. Cuando vieron a mis hombres sacando en peso los primeros siete, ellos dijeron, "Gracias hijo. Tú ayudas a los viejos."

Nosotros regresamos a donde los primeros treinta-y-cinco estaban. Ellos estaban platicando entre ellos tratando de localizar al resto de los miembros de la familia.

Yo les pregunté cuantas personas eran por todas en la ciudad. Ellos dijeron cuantos faltaban.

Yo decidí que teníamos que regresar a buscar más de ellos. Diez de mis soldados llevaron a cinco personas de la ciudad para buscar en lugares que ellos sabían que había gente. La gente de la ciudad llamaba a la gente escondida porque sus voces serían reconocidas.

Cuando la gente vió que los Soldados de Liberación Camboyana habían venido a ayudarlos, ellos se emocionaron. Ellos dijeron, "Mi vida a vuelto."

Mi grupo se mantuvó callado y dejo a la gente platicar. Nosotros caminamos cerca de dos millas por la ciudad y encontramos quince muertos. Nosotros no nos preocupábamos por los Jemeres Rojos; sabíamos que ellos habían oido.

Después de haber rastreado la ciudad, regresamos a donde estaba escondida la comida. Nosotros habíamos encontrado solo quince muertos y cuarenta-y-cinco vivos. La gente nos dijo que aún habían cuarenta desaparecidos. La gente dijo que ellos, una de dos, habían escapado o habían sido asesinados por los Jemeres Rojos.

Ahora nosotros estábamos listos para regresar al Campamento. Todos cocinaron y comieron juntos. Entonces nosotros empezamos a caminar a casa. Teníamos ancianos, mujeres y heridos que cargar.

Nosotros caminamos por dos días. En el segundo día, tomamos un descanso. Mis soldados revisaron dos millas alrededor de nosotros, entonces nosotros paramos y dormimos toda la noche. La mañana siguiente, nosotros hablamos con la gente. Les platiqué la historia de como yo había sido casi matado de hambre y rescatado, como yo era más flaco que ellos y no tenía cabello. Les conté acerca de mi rescate por los Soldados de Liberación y come después de tres meses de buena comida, yo me pusé sano y entrené muy duro para regresar a Camboya a ayudar gente.

Ellos dijeron, "Tú haces una cosa buena, Bun. Tú ayudas gente. Tú tendrás una vida larga."

La gente nos agradeció varias veces. Les dije a ellos que se relajaran, que estábamos a un día de nuestro campamento; a un día de la libertad y ahí no habría más peligro.

Nosotros seguimos caminando a casa. Cuando nos acercamos a nuestro campamento, la gente salió a dar la bienvenida a los nuevos. Tan pronto como todos fueron atendidos, yo fui de regreso a mi casa de campaña.

La mañana siguiente el Gran Jefe me llamó. Le platiqué de la gente que salvamos y de los que estaban heridos; de qué manera los Jemeres Rojos les habían disparado en la ciudad.

El fue a ver los heridos. Antes de irse me preguntó cómo estaba. Yo le dije, "Aún estoy vivo."

Yo caminé por el campamento buscando a Meng. El estaba al cuidado de la niña que tenía sus ojos cerrados y casi sin pulso al lado del árbol. El me dijo que la había cargado de regreso, desde que llegaron al campamento todo el tiempo lo había pasado con ella. El dijo que lentamente se empezaba a recuperar.

PARTE TRES

Mañana Estoy Muerto

23

Cien Soldados Más
1980

Una mañana el Gran Jefe me llamó para una reunión. El me dijo, "Gracias, Bun, por ayudar a tanta gente este el año pasado."

El me dio las gracias dándome cien soldados más. Yo me fui a adiestrar a estos soldados en las formas y maneras de guerra en la selva. Les enseñé a ser inteligentes; no sólo disparar, sino ser silenciosos, disparar una vez y mirar alrededor. Era por esa razón que nosotros no necesitábamos tanta gente como los Jemeres Rojos que andaban juntos en grupo y disparaban muchos tiros. Mis soldados se colocaban separados en largas líneas y era más difícil pegarles.

Yo enseñé a mis soldados como escuchar y observar en la jungla. La jungla tenía muchos lugares para esconder minas. Ellos tenían que aprender a ser pacientes y leer los caminos, las hojas, los árboles. En la selva habían lugares que nosotros podíamos platicar y estar seguros y habían lugares que teníamos que ser muy silenciosos.

Cada vez que parábamos en la selva, uno o dos soldados caminaban alrededor de nosotros para asegurarnos de no ser enboscados.

Yo les enseñé a escuchar los sonidos de los disparos. Cada arma era diferente. Tú podías escuchar las balas, "Pum, pum, pum." Si los disparos eran bajos, teníamos que estar parados. "Manténganse de pie," yo les decía. "Si ellos te pegan en una pierna, aún estas vivo." Si los disparos eran en medio, entonces te agachabas abajo de las balas.

Yo les dije que al principio las batallas a balasos te hacían orinar los pantalones. Después de un año, las balas parecían como pedazos de dulce volando por el aire. Yo les decía a mis soldados, "¡Eh, vamos por unos dulces!"

Yo creaba terminos de animales para hacerles saber que posición tomar en una pelea a tiros. Cuando yo decía, "Elefante," eso quería decir que camináramos para adelante. "Cocodrilo" significaba agacharse. Si yo gritaba, "Mosca Azul," eso quería decir que siguieramos adelante aprisa. Usabamos este termino cuando había una pausa en la pelea; cuando las armas se callaban, yo gritaba, "Mosca Azul" y nosotros saltábamos sobre los Jemeres Rojos.

Yo dividía los soldados en tres grupos de treinta. El grupo número uno iría conmigo a Camboya. El número dos (el equipo de Meng) y número tres se quedaba en espera en caso que nosotros necesitaramos ayuda. Nosotros rotábamos los grupos cada dos semanas. Yo iba a todas las misiones. Meng estaba conmigo o en espera. El y yo no podíamos estar en el campamento sabiendo que aún había gente muriéndose de hambre y siendo asesinada.

Mis soldados eran jovenes y veloces. Yo les dije que nuestro trabajo era rescatar gente, no matar. Yo los entrené a disparar arriba de las cabezas y asustar a los Jemeres Rojos. Ellos aprendieron mi grito, "¡Atrápenlos vivos!"

Después de crear un nuevo grupo de treinta, nos alistamos para regresar a Camboya. Una vez más la gente del campamento que habíamos rescatado nos trajeron comida para llevar.

Dos días después, nosotros ya habíamos pasado todas las ciudades cercanas y estábamos muy dentro en la selva. Paramos a las 6:00 p.m. para dormir. La mañana siguiente, nosotros oímos algo cerca de nuestras camas. Inmediatamente, le dije a cinco soldados que fueran a ver. Uno de ellos volvió a decir que él vio a tres ancianos mirando a su alrededor en la selva. Nosotros tomamos diez soldados y los rodeamos. Nosotros dijimos, "¡Alto!" en todas direcciones.

Ellos no traían ninguna arma de fuego, pusieron sus manos en alto y tiraron sus largos cuchillos. Ellos dijeron, "¡No nos maten!"

Nosotros les dijimos que no les haríamos daño y que éramos gente buena. Les preguntamos de dónde habían venido. Ellos nos dijeron que ellos se les habían escapado a los Jemeres Rojos en la ciudad. Habían alrededor de dos-cientos-cincuenta prisioneros más. Ellos dijeron que ellos vinieron hasta ese lugar en busca de comida porque ellos una vez habían tenido suerte y encontraron un venado. Ellos ahora estaban cazando monos.

Les preguntamos si ellos le tenían miedo a los Jemeres Rojos. Ellos dijeron que ellos no les tenían miedo. Nosotros les informamos que éramos el Ejército de Liberación Camboyana y ellos preguntaron de dónde veníamos. Nosotros respondimos que cerca de la frontera de Camboya y Tailandia. Ellos nos preguntaron cuantos éramos. Nosotros les informamos que no podíamos revelar esa información pero que teníamos a muchos soldados allí para ayudarles. Les preguntamos si ellos tenían comida. Ellos respondieron, "No, nosotros todavía estamos buscando en la selva."

Ellos preguntaron, "¿No nos harán daño?"

"No, nosotros venimos a ayudar. Vean nuestros uniformes. ¿Nos muestran las otras personas?"

Ellos vinieron con nosotros al lugar donde dormíamos. Ellos vieron nuestro grupo y sus caras cambiaron. Ellos estaban felices ahora. Nosotros les ofrecimos un poco de comida para empezar. Entonces nos sentamos a platicar. Yo le pedí a uno de ellos que me mostrará dónde estaban los otros. El me mostró donde.

No muy lejos, nosotros vimos un albergue hecho de bambú con gente dentro. Algunos estaban dormidos, otros nos miraban, con miedo y temblando.

Las viejitas y viejos dijeron, "No nos maten."

Nosotros les dijimos, "No se preocupen; estamos aquí para ayudarles." Les pregunte si los Jemeres Rojos venían por ahí.

Ellos dijeron, "No, no en esta época del año."

Nosotros caminamos alrededor, les dimos comida y les enseñamos como comer despacio. Les dimos primeros auxilios a una gente que estaba enferma. Le llamé a Meng por la radio para decirle que habíamos encontrado gente.

Cuando la gente me escuchó decirle a mi grupo que trajera más comida, ellos estaban felices al saber que teníamos mucha ayuda.

Le dije a la gente que necesitábamos salir de este lugar y dirigirnos a dónde estaba el grupo número dos. Algunos de ellos tendrían que ayudar a nuestros soldados a cargar a los enfermos.

Pronto se nos acabó la comida y nos detuvimos. Después de un día, nos reunimos con el grupo número dos. Meng ahora se encargaría de asegurarse que toda la gente llegara a nuestro campamento a salvo.

Antes de ellos irse, nosotros tomamos algo de comida del grupo número dos para llevar con nosotros de regreso a Camboya. Nosotros les dijimos a la gente que fuera con el grupo al campamento seguro. Todos ellos nos agradecieron, nos dijeron que estábamos haciendo una cosa buena al salvar toda esta gente y que tendríamos una larga vida.

24

No Pistola, No Vida
1981

Cada semana regresábamos a la selva para pelear con los Jemeres Rojos y rescatar gente. Nosotros mandábamos cinco exploradores delante de nosotros para que buscaran las pocisiones de los soldados enemigos. Entonces nosotros decidíamos hacia donde ir.

En una misión, llegamos a una ciudad nueva e inmediatamente sabíamos que algo no estaba bien. Los Jemeres Rojos estaban patrullando las afueras de la ciudad. Ellos nos estaban esperando. Nosotros abrimos fuego y peleamos contra ellos por tres horas ese día.

De inmediato, llamé a mi grupo número tres para decirles que habíamos peleado con varios Jemeres Rojos y nos sabía cuanto nos duraría la comida. Ellos se fueron inmediatamente y se comunicaban por la radio cada hora para mantenernos al tanto. Nosotros disparábamos a los Jemeres Rojos de vez en cuando solamente para que supieran que estábamos aún ahí defendiéndonos.

A las 10:00 p.m., nos fuimos a la selva para escondernos y dormir. En la mañana temprano, mientas nosotros estábamos todavía durmiendo, los Jemeres Rojos vinieron a "limpiarnos la cara," es decir que no teníamos tiempo para lavarnos la cara, sólo teníamos que levantarnos rápido y correr sin nada. Ellos no nos vieron, sólo estuvieron cerca, disparando mientras ellos corrían. Nadie fue herido. Corrimos mucho ese día; directo a casa.

A mediodía, nos reunimos con el grupo número tres y comimos juntos. Yo les dije, "Vámonos a casa y olvidemos esto."

Nosotros tomamos algunas balas del grupo número tres. Nosotros tuvimos que dejar todo atras: comida, hamacas, ropa y mochilas. However nuestras armas de fuego nunca se separaban de nuestros brazos. Ellas estaban atadas a nosotros a todas horas, aún cuando estábamos durmiendo o comiendo.

"Si tú no traías arma, tú no tenías vida."

En casa yo busqué a toda la gente y les pregunté cómo estaban los bebés y los niños.

El día siguiente, fui a ver al Gran Jefe. Le dije que todo nuestro equipo se había quedado en la selva. El dijo, "No te apures; tú estas vivo." El nos dio equipo nuevo.

Despues de un pequeño descanso, fuimos otra vez. Esta vez yo llevé sesenta soldados conmigo. Nosotros caminamos por tres días dentro de Camboya y encontramos dos campamentos pequeños de gente la cual se estaba escondiendo en la selva. Habían como tres-cientos de ellos. Nos dividimos en dos grupos, uno para cada campamento y nos los llevamos. Les ofrecimos comida, hablamos con ellos y les dijimos quien éramos hasta que confiaron en nosotros. Los llevamos con nosotros esa noche. La gente que no podía caminar era cargada. Dormimos un poco a la medianoche, entonces continuamos por dos días más directo hasta que llegamos a la frontera.

La gente bajo el mando de los Jemeres Rojos en la ciudad eran como perros; pero una vez entrenados y en la selva, ellos eran como tigres. Ellos hacían arcos y flechas para pelear contra los Jemeres Rojos.

Después de esa misión, se volvió más difícil ir a rescatar gente. Los Jemeres Rojos habían visto demaciados Soldados de Liberación Camboyana ir a sacar a la gente.

En una ronda, caminamos dos días hasta que estábamos en lo profundo del territorio de los Jemeres Rojos. Una vez más, nuestro trabajo era pelear con los Jemeres Rojos y intentar rescatar gente aún atrapada en las ciudades. Llegamos a la ciudad y nos dimos cuenta que no podíamos hacer nada por nadie, entonces regresamos al campamento.

Nosotros estábamos en la selva alejándonos del territorio de los Jemeres Rojos. Habían muchos caminos en la selva. Todos estaban minadas con bombas. Le dije a mi grupo que esperara atrás de mí y yo iría a limpiar el camino, asegurándome de que no hubieran más minas. Fui por el camino y mi grupo caminaba unos diez pies detrás de mí.

Cuidadosamente yo retiré veinte minas chinas. Estas minas eran fáciles de ver. Habían cuerdas cruzando el camino. Todo lo que tenía que hacer es buscar bajo una hoja en el suelo y quitar el clip de la bomba.

Yo miré hacia abajo del camino y ví que habían muchas cuerdas más. "¡Caramba!" Le dije a mi grupo, "¡Muchas cuerdas!"

Mientras miraba todas estas minas chinas, dí un paso y sentí dientes de metal que se comprimían bajo mi pie.

"¡Oh oh!" Voltié mi cabeza y le dije a mi soldado y amigo Khon, "Acabo de pisar una mina grande."

"¿Qué tan grande?" Me preguntó.

"Una 69."

"¡Whoa!"

Les dije a mis soldados que vinieran a cavar un hoyo para mí. Mientras yo estaba parado ahí los pasadores de la mina 69 continuaban levantándose. Cada vez que lo hacían yo pisaba más fuerte para mantener la bomba sin explotar. Khon y mi grupo tomaron una pala pequeña y empezaron a cavar un hoyo a un lado de mí. Si la bomba explotaba, todos estábamos muertos.

En cinco minutos ellos tenían el hoyo lo suficiente grande para yo caer dentro. Ellos pusieron tapones en mis oidos y nariz, envolvieron mis ojos y me dejaron ahí a un lado del hoyo con una mina 69 pulsando bajo mi pie. El grupo retrocedió treinta-y-cinco pies y se agacharon en el suelo.

Tan pronto como ellos estaban a distancia, yo conté uno-dos-tres, retiré rápidamente mi pie de los dientes y salté dentro del hoyo tan rápido como pude.

La bomba se disparo cinco pies en el aire y explotó treinta pies alrededor. Todos los árboles pequeños y la vegetación alrededor de volaron lejos.

Mi grupo corrió muy rápido hacia mí y me arrastraron fuera del hoyo estrecho. La mitad de mi uniforme se había quemado y arrancado de mi cuerpo. Por un lado mi piel estaba quemada, pero aún estaba yo vivo.

Yo perdí el conocimiento por cuarenta-y-cinco minutos. Cuando yo me desperté, les pregunté qué es lo que había pasado. Había mucha sangre y quemadas en un lado de mi cuerpo.

Mis soldados me cargaron de regresó y decidimos ir en otra dirección. Yo estaba adolorido y no podía oír. Mis soldados ofrecieron cargarme pero yo les dije que yo podía caminar. Caminamos todo el día. Yo caminaba despacio, pero continuaba. La mañana siguiente nosotros caminamos todo el día hasta que llegamos al Campamento de Liberación.

Fui con el Gran Jefe y le dije lo que había sucedido. Le dije que Khon y el grupo habían hecho un hoyo para mí y me habían salvado la vida. Le dije que aparte de mí nadie estaba herido.

El me dijo que tuviera cuidado allá fuera. Me dijo que habían muchas bombas ahora. Le pregunté que si yo podía poner a Khon a cargo del grupo número tres. Le dije que era un buen soldado y que yo confiaba en él.

El Gran Jefe me dijo que esa decisión era mía.

El confiable y mortal AK-47.

25

Una Sorpresa de Cumpleaños 1981

En mi vigésimo cumpleaños fui a Camboya de nuevo con el grupo número uno. En esta ocasión solamente estábamos a un día de casa cuando los Jemeres Rojos nos enboscaron en el camino. Estábamos completamente rodeados.

Al instante nosotros supimos que estábamos atrapados. Dividí el grupo y llamé por radio a Meng y a su grupo para que viniera en nuestra ayuda. Ellos salieron inmediatamente.

Nosotros vimos a los Jemeres Rojos y ellos nos vieron también. Ellos tenían miedo también. Para entonces ellos conocían nuestra reputación de soldados fuertes que los atrapaban vivos.

Estábamos en un espacio de media milla alrededor y ellos estaban colocados alrededor de nosotros, por eso no teníamos a donde ir. Hablé con mis soldados. Algunos estaban tan asustados que habían ensuciado los pantalones. Estaban temblando y preguntándome que hacer.

Yo les dije que no se preocuparan, que algo se nos ocurriría. Les dije que fueran pacientes. Si nos mataban, nosotros moriríamos todos juntos. Les dije que orarán por ayuda.

Yo llamé a Meng una vez más para que me diera una señal tan pronto que ellos estuvieran cerca. Entonces llamé a mi grupo para que nos guntaramos más. Les dije que solamente había un camino abierto y que nuestros amigos venían a ayudarnos. El grupo número dos recorría en cuatro horas lo de un día de camino. Ellos sólo llevaban armas y balas; ninguna otra provisión.

Nosotros los esperamos. Nos manteníamos en contacto con un radio muy viejo que se cargaba como una mochila. Se necesitaban dos muchachos para usarlo. Mientras uno daba vuelta a la manija y presionaba botones, el otro hablaba. Si era una emergencia, unicamente yo hablaba; si era un mensaje común diario, cualquiera podía hablar en él.

Cuando ví al grupo número dos aproximándose a la entrada en el camino, veinte de nosotros avanzamos y diez se quedaron atrás. Nosotros empezamos disparando todas nuestras armas a los Jemeres Rojos por enfrente y por la retaguardia. Luego de eso, los diez de atrás se retiraron de donde estaban.

Nosotros nos fuimos directo a casa después de ese milagroso escape. Habíamos tenido suficientes emociones por un día. Una vez más, tuvimos que tirar todo cuando peleamos contra los Jemeres Rojos, por ello caminamos a casa sin provisiones.

Fui directo con el Gran Jefe para reportarme. Otra vez él dijo que teníamos suerte de estar vivos. Le agradecí por mandar al grupo dos a ayudarnos. El me dijo que él no quería perdernos y que éramos muy importantes para él. Dijo que tomaramos un descanso de una semana. Cuando le dije a mi grupo que nos había dado una semana de descanso ellos brincaban de gusto.

Khon vinó a decirme que el grupo número tres estaría llendo hacia el interior de Camboya el día siguiente y que todo estaba 100% listo.

Cuando el grupo salió la mañana siguiente, les dije que nos llamarán si necesitaban ayuda. Khon me decía que tuviera unas buenas vacaciones. El también me dijo que tenía mucho miedo. El dijo que no le agradaba ir a pelear con los Jemeres Rojos. El me dijo, "Bun, me gusta llevar comida para ti. Sin ti allá, no me gusta pelear. Ese es tu trabajo."

Esto me hizo reír. Khon tenía razón. A mi me gustaba pelear. Si me enojaba, no le temía a la muerte. Me gustaba ir y capturar vivos a los Jemeres Rojos. Entre más Jemeres Rojos capturados, más comida para nuestro campamento.

Ese día yo estaba muy contento por los demás. Yo pensaba, "¡Yo no había tenido siete días de descanso como ahora en cinco años! Los otros soldados descansaban más tiempo que yo. Yo nada más podía hacerlo. Aún había mucha gente en Camboya.

Ese día me fui a relajar con mis soldados y jugar juegos. Tres horas más tarde, escuchamos una bomba. Nos preguntabamos si algún animal la había hecho explotar.

Yo estaba preocupado porque el grupo número tres apenas había partido y no debíamos oír nada tan pronto. Quince minutos más tarde, excuchamos los disparos de pistolas grandes y pequeñas. Yo sabía que eso no estaba bien por lo tanto nosotros fuimos a alistar nuestro equipo. El grupo número tres me llamó. "¡Bun, necesitamos ayuda--estamos en una lucha contra los Jemeres Rojos!"

"¿Cuantos son?"

"¡Muchos!"

Grupos número uno y dos fueron a ayudar: sesenta personas. No llevamos nada más que armas, pistolas y equipo de primeros auxilios. A la mitad del camino, vimos a nuestro grupo cargando cuerpos. Cinco estaban heridos y estaban siendo cargados de regreso. Eso me hizo enfurecer mucho. Nos acercamos más y más, escuchando la batalla. Mantuvimos nuestro radio prendido. Les dije que hicieran ruido y recularan hasta que llegaramos. Cuando estábamos a media milla del grupo tres, pregunté a qué distancia estaban los Jemeres Rojos de ellos.

"A media milla." Nosotros colocamos los B-69s del grupo número dos, los alineamos y empezaron a disparar.

Yo dije, "Somos fuertes. Los Jemeres Rojos están durmiendo en la selva y nosotros tenemos un buen lugar para dormir." Hablé de esa manera para prepararnos para pelear.

Luchamos por una hora sin ninguno estar ganando. La pelea estaba pesada. Mandé diez de los miembros de mi grupo que fueran alrededor por un lado y otros diez a que fueran alrederor por el otro lado. Nosotros también contábamos con las armas del grupo número dos para pelear por enfrente y veinte peleaban por atras. Yo me llevé cinco soldados especiales conmigo.

Le dije al grupo tres que mientras ellos peleaban y hacían mucho ruido, nosotros nos colaríamos dentro. Nosotros trajimos muchas granadas con nosotros. Les ordené a mis cinco a entrar silenciosamente y rodar las granadas dentro del hoyo donde cerca de cien Jemeres Rojos estaban escondidos. Por causa de estar en el hoyo, nosotros estábamos teniendo dificultades para acabar con ellos a disparos con arma de fuego. Hice al grupo dos dejar de disparar las enormes armas de 60-mm que ellos estaban usando porque nosotros estábamos dentro de el círculo de fuego. Luego las bombas se detuvieron, grupo dos tenía que continuar en movimiento para evitar el fuego en contra.

Nosotros rodamos las granadas hacia abajo del hoyo y todo se asilenció. Llamé al grupo tres para que los rodearan y grupo dos para que viniera al otro lado. Nosotros le gritamos a los Jemeres Rojos que tiraran sus armas y salieran. Ellos lo hicieron. Le dije a mi grupo que atara sus brazos y se los llevara del área. Cerca de cuarenta-y-cinco estaban con vida y quince estaban muertos. El resto había escapado corriendo. Una vez que estaba claro, nos asomamos al hoyo. Habían todo tipo de armas ahí dentro. Nosotros tomamos todas las armas y las balas.

Le dije al grupo número tres que cuando nosotros regresaramos a casa por este camino, todo estuvo bien. Este hoyo era nuevo. Después de tomar las armas, nosotros llenamos el hoyo y partimos a casa. Les dije a los soldados que ataran garras sobre los ojos de los Jemeres Rojos para que ellos no pudieran ver donde ellos habían estado ni a donde iban. Los llevamos lejos pasando nuestro campamento para permanecer ahí. Yo fui hasta allá para preguntarles porque ellos habían venido tan cerca de nuestro campamento. Ellos dijeron que era porque ellos habían perdido mucha gente de la ciudad y la estaban buscando. Les dije que éramos Soldados de Liberación Camboyana y que nosotros ayudábamos a la gente a escapar del hambre y de ser asesinados todos los días.

Los Jemeres Rojos dijeron, "Yo solamente hago lo que el jefe dice."

Yo le pregunté que cuantos vinieron por ese rumbo. El me dijo que ciento-cincuenta vinieron a pelear y llevar la gente de regreso a la ciudad. Ellos eran jovenes, muchachos y muchachas de doce a trece años. Las muchachas eran peores asesinas que los muchachos. Se dice que en las muchachas, "El ojo rojo llego." Ellas son furiosas soldados y tenían el deseo de pelear. Las muchachas mataban más que los muchachos.

Les pregunté, "¿Qué es lo que piensan ahora? Están en este campamento pero ¿es este un buen lugar para ustedes?"

Dijeron, "No, queremos regresar a casa."

Yo les dije, "Ahorita ustedes necesitan tomar un descanso."

Les quitamos sus uniformes verdes, los pusimos en un montón y los quemamos enfrente de sus narices. Les dimos buena comida y ropa nueva.

Luego de eso, les dije, "Siento lo de su rupa, pero ahora se acabaron los Jemeres Rojos--miren esas cenizas. No más pelea, no más dormir en la selva, no más andar por todas partes. Vayan a dormir ahora y piensen acerca de los últimos cinco años, de 1975 a 1980. Ustedes están con el Ejercito de Liberación ahora. Ustedes no pueden pelear. No más balas ni pistolas. No más uniformes verdes."

Algunos lloraban mientras les decía esto.

Este era el plan de la Armada de Liberación Camboyana. Nosotros atrapábamos vivos a los Jemeres Rojos y luego les enseñábamos como transformarse en buenas personas.

Nosotros les dijimos, "Las armas y las balas no han sido sus amigos. Desde ahora en adelante, van a aprender cosas buenas."

Cada soldado que capturábamos y llevábamos al campamento nos daba prueba de la pelea que estábamos haciendo contra los Jemeres Rojos en Camboya. Nosotros pasábamos el mensaje a las autoridades Tailandesas. En cambio, el govierno Tailandes continuaba ayudando nuestro Campamento de Liberación mandando comida a nuestros soldados y a nuestra gente.

26

La Fuerza Especial
1981

Yo fui a reportarme con el Gran Jefe, le dije, "Nosotros ya estamos transformando a los Jemeres Rojos en Soldados de Liberación Camboyana." El me dijo que estaba haciendo un buen trabajo. Yo le dije que yo quería traer los cinco muertos de nuestro grupo e incinerarlos. De esta manera, nosotros creíamos su espíritu podía ser liberado de su cuerpo físico más rápido para encontrar un bebé nuevo y para nacer dentro de una vida nueva.

Yo llamé a todos los noventa-y-cinco del grupo que quedaban para que formaran una línea. Nosotros disparamos nuestras armas para homenajear a los muertos como un conmemorativo de ellos. Nosotros contamos historias de cada uno antes de colocarlos en el fuego. Treinta de los ancianos Camboyanos vinieron a vigilar el fuego y asegurarse que todo se quemara. Cuando ellos tomaron cargo, nosotros llevamos a todos los soldados de regreso a casa. Entonces la gente jugaba juegos alrededor de los cuerpos todo el día y la noche. Este es otra costumbre en nuestro país.

La mañana siguiente, el Gran Jefe nos llamó a los lideres de los grupos y a mí a una reunión. Cuando llegamos al lugar de la reunión, ya habían quinientos soldados alineados. Yo me preguntaba que es lo que estaban todos haciendo ahí. Mis propios soldados no estaban conmigo, pero pronto ellos marcharon y se alinearon junto a mí.

El Gran Jefe le dijo a los soldados que yo era él que estaba a cargo de los tres grupos y que yo había perdido cinco de los cien. El nos estaba dando a un castigo a mí y a mis lideres de grupo para darnos una lección. "Todos ustedes, no aprendan a hacer lo mismo que el grupo de Bun. Cinco de su grupo están muertos."

Luego él me pusó a hacer tres-cientas lagartijas y pusó a los lideres de grupo a hacer cien lagartijas. Este era nuestro castigo. Todos los quinientos soldados miraron. Terminamos rapidamente y entonces volvimos a nuestro campamento.

Yo me junté con los lideres de grupo y les pregunté si estaban bien. Ellos dijeron, "No." Ellos me preguntaron cómo estaba yo.

Yo bromeaba, "¡Hey, yo puedo hacer tres-cientas más. La próxima vez que nos metamos en problemas, haremos el doble!" Yo me decía a mi mismo, "Yo hago noventa-y-nueve cosas bien y una cosa mal, y por esa cosa consigó un castigo."

Mis lideres de grupo y yo platicamos acerca de como mejorar de ahora en adelante. Yo estaba enojado conmigo mismo ese día. Yo fui a casa a dormir, tratando de imaginar que más pude haber hecho para salvar mis soldados. Queríamos mantener la sangre dentro de nuestros cuerpos, no afuera.

Desde aquel día en adelante, hice mi propio símbolo. Este decía, "Mañana estoy muerto."

Yo escribí esto y dibujé una calavera y huesos cruzados en un papel y fui alrededor preguntando a la gente si este era un buen símbolo para mi ropa. La mayoría de gente dijo que era bueno porque nuestro grupo estaba en espera veinte-y-cuatro horas al día, listos para ayudar, sin miedo a morir.

Lo llevé a mostrárselo al Gran Jefe y él dijo que era bueno. Anteriormente mi grupo había sido soldados regulares, pero ahora él me entregó a un grupo que estuviese listo para ayudar otro grupo que nos necesitara. Mi grupo estaba formado unicamente por los mejores soldados. Nosotros fuimos nombrados "La Fuerza Especial de Liberación."

Si nosotros éramos requeridos, teníamos que ir, sin preguntas, ocho días a la semana y veinticinco horas al día. Deje a mi Jefe y fui de vuelta con mi grupo para mostrales el nuevo símbolo. A todos ellos les gustó y querían uno en sus camisas. Yo también les comenté que el Gran Jefe nos había nombrado, "La Fuerza Especial de Liberación."

Todos ellos gritaron, "¿La Fuerza Especial de Liberación? ¿Eso quiere decir qué tendremos que quedarnos en Camboya?

Yo dije, "No, ahora nosotros ayudaremos a todos los grupos."

Todos estaban emocionados y dijeron, "¡Hey! ¡Somos heroes ahora¡ ¡Somos número uno! ¡Estamos en la cima!"

Nosotros ordenamos ropa para cien con el símbolo, que yo había hecho, bordado en ella. Nuestros uniformes eran ligeramente diferente en color que los otros; aún camuflaje pero con tono un poco más brillante.

Más soldados fueron enviados a mí para entrenamiento. Nosotros los enseñamos como ser buenos soldados, como rescatar gente y como mantenerse con vida en la jungla. Cuando yo iba a un rescate, yo despegaba las rayas de mi manga. Si alguien de nosotros era capturado y nos preguntaban quién era el encargado, nosotros deríamos que no sabíamos. Una bala en nuestro bolsillo aguardaba justo para esa ocasión. Nosotros sabíamos que si los Jemeres Rojos nos capturaba ellos nos estiraría por los brazos en los árboles y nos cortaba, tratando de hacernos hablar. Cada pregunta traía más cortadas, hasta que estabas muerto. A veces los Jemeres Rojos te arrancaban las uñas una vez al día, una-por-una, día-tras-día, al menos que hablaras. Nosotros sabíamos que nunca hablaríamos si éramos capturados, por lo tanto en vez de aguantar la tortura, nosotros sabíamos que teníamos una bala de sobra para usarla en nosotros.

Yo estaba feliz ese año. Una vez al día, nosotros empezamos en un rescate. Nosotros caminamos hacia el interior de Camboya por dos días cuando oímos el sonido de armas disparando adelante. Continuamos por media-hora, luego nosotros mandamos dos soldados nuevos para que fueran a ver. Ellos dijeron que veían sombreros redondos. Ellos nunca habían visto sombreros como estos anteriormente.

Nosotros avanzamos y vimos rodar dos tanques de Vietnam del Sur. ¡Los Vientnamitas estaban batallando contra los Jemeres Rojos! Les dije a mis soldados, "¡Retrocedan, esa es una bala grande!"

Antes de pasar mucho tiempo, los Vietnamitas vieron a algunos de nosotros y nos dispararon con esa arma enorme. Ellos no sabían que ambos estábamos del mismo lado. Arboles se hicieron pedazos por todas partes. Otra bomba explotó contra un árbol y un gran pedazo de charnel impactó mi cabeza.

Uno de mi grupo dijo, "Hermano, veo agua saliendo de tu cabeza." Nosotros nunca decíamos sangre.

Yo pregunté que tan grande era mi herida. Yo estaba entumido. El me dijo que la piel había desprendido de mi frente.

Mi grupo me vendaron mi frente. Cuando todo eso había terminado, miré a mi alrededor. Todo estaba muy tranquilo. Nuestras armas estaban apuntadas en toda dirección para protejerme a mí y a mi grupo. Nosotros no tratamos de pelear, nosotros unicamente tratábamos de mantenernos alejados de los Vietnamitas.

Nosotros empezamos caminando de regreso. En una hora, nos encontramos con Jemeres Rojos que estaban corriendo de los Vietnamitas también. Batallamos con ellos alrededor de diez minutos, luego le dije a mi grupo, "Vámonos por otro lado." Parecía que estábamos jugando a las escondidas con ambos, los Jemeres Rojos y los Vietnamitas. Los Jemeres Rojos corrieron por un lado y nosotros corrimos por otro.

Casi era de noche. Buscamos un lugar seguro para descansar y pronto encontramos un lugar en una pequeña loma de donde podíamos ver en todas direcciones. Nosotros nos comunicamos por radio a casa y les dije, "Tuvimos algo de diversión hoy. Nosotros vimos a los Jemeres Rojos y a los Vietnamitas."

Ellos nos dijeron que llamaramos si necesitábamos ayuda. Nosotros tomamos un descanso. Le dije a mi grupo, "Cuando yo duerma, ustedes vigilan. Cuando ustedes vigilen, yo duermo. No se preocupen; sean felices."

Pronto oímos un ruido muy fuerte. Sonó como que un árbol colapsó. Los soldados en guardia estaban muertos de miedo, pensando venía la armada Vietnamita. Nos acercamos al ruido. Oímos gritos.

Entonces vimos dos gigantescos traceros de elefantes. Los elefantes estaban rascándose sus espaldas en árboles. Yo dije, "No se preocupen los reyes están aquí. Esos tanques no pueden pasar sobre los elefantes."

Nos sentamos toda la noche viendo a los elefantes para cerciorarnos de no ser atropellados por los elefantes. Nadie durmió nada ese noche. La mayoría de las veces que veíamos animales en la selva estábamos contentos. Yo le decía a mis soldados, "Más poder. Los elefantes son más inteligentes que la gente; ellos huyen del peligro."

Primero oramos por los elefantes, "Buena suerte para ustedes. Tengan cuidado. No se vayan a encontrar con una bala," entonces nosotros nos retiramos cerca de las 3:00 a.m. por una ruta diferente dentro de Camboya.

Mi grupo era un grupo divertido en la jungla. Yo había hecho amistad con las serpientes, animales salvajes e insectos. Si mi grupo veía una serpiente ellos me llamaban y yo iba y la atrapaba viva para mostrársela. Todos los animales eran mis amigos.

El tiempo se había puesto caliente y seco. Incluso la selva estaba seca ahora. Esto era bueno para nosotros porque eso quería decir que ya do había sanguijuelas. Para protejernos de picaduras de insectos, nosotros llevábamos guantes y envolvíamos nuestras cabezas toda la noche mientras dormíamos.

Un día nosotros vimos otro grupo de Soldados de Liberación Camboyana que estaban buscando rescatar gente. Les dijimos que habíamos visto Jemeres Rojos y soldados Sur Vietnamitas. Ellos nos dijeron que ellos no los habían visto.

Yo dije, "Hey, si ustedes quieren ver a los Vietnamitas, vayan por ese camino."

Pero ellos dijeron, "No gracias. Así estamos bien."

Nosotros estábamos felices de ver estos muchachos; esto nos daba más poder. Nosotros hablamos acerca de sacar gente fuera de la ciudad que estaba a un día de camino a pie. Ambos grupos fueron juntos. Eramos sesenta de nosotros por todos. Cuando nosotros llegamos a la ciudad, el otro grupo entro primero. Su lider y yo estábamos platicando cuando uno de su grupo pisó una mina. Los Vietnamitas oyeron y vinieron en busca de nosotros, aún sin enterarse que nosotros estábamos peleando en contra de los Jemeres Rojos.

Nosotros dividimos el grupo que había quedado y empezamos a disparar tiros de advertencia a los Vietnamitas. Le dije a mi grupo que mantuviera los ojos en el suelo; una mina había explotado y podrían haber más. Los Vietnametas nos comenzaron disparando densamente. Yo mandé cinco soldados a ir alrededor por atrás, entonces nosotros disparamos a los Vietnamitas para retrasarlos.

Los Vietnaminas alzaron un trapo blanco rindiéndose. Yo le dije a mis hombres que tuvieran cuidado y que ellos podrían estar engañando. Nosotros alzamos un trapo blanco también. Los trapos blancos significaban ayuda. Yo fui y encontré un árbol grande y agité mi sombrero.

Yo grité muy fuerte, "¡Somos el Ejercito de Liberación Camboyana, no somos Jemeres Rojos!"

Les mostré nuestro uniforme. "¡Liberación Camboyana! Nosotros no tenemos pleito con ustedes. Nosotros venimos a ayudar a la gente."

Mientras nosotros estábamos hablando de esta manera, los Vietnamitas voltearon alrededor de nosotros y mi grupo empezó disparando contra ellos. Ellos dispararon también. Nosotros nos dividimos y corrimos en todas direcciones. Eran las 7:00 p.m. antes de que nos encontraramos otra vez. Nadie estaba herido. Nosotros dijimos, "Los Vietnamitas estaban jugando con nosotros. Ellos estaban platicando con nosotros amablemente pero luego mandaron soldados por nuestra espalda."

Todos ellos dijeron, "Sí."

Yo dije, "Vámonos a casa. Al menos ahora sabemos que los Vietnamitas están aquí para ayudar."

En casa, los soldados nos preguntaron como se veían los uniformes Vietnamitas. Yo les dije que eran azules, con un sombrero azul redondo. Les mostré mi frente. Yo bromeaba, "Creo que tenía demasiada piel y ellos me quitaron un poco."

Ellos me preguntaron si lloré, "¡Casi!" Yo dije.

Nosotros nos juntamos con toda nuestra gente y les dijimos que vimos a los Vietnamitas. "Ellos tenían tanques grandes y ellos pelearon duro. Nosotros corrimos alrededor por toda la selva para intentar alejarnos de sus grandes armas. Entonces nosotros vimos elefantes enormes rascándose sus traseros."

Luego mi grupo regresó para intentar descansar. Cerca de dos horas más tarde, los soldados al frente de batalla corrieron al campamento para decir que los Vietnamitas estaban acercándose ¡ahora mismo! Yo salté y le dije a mi grupo uno y dos que era tiempo de irnos. Habían sesenta de nosotros. Nosotros tomamos las armas y balas. El enemigo no estaba muy lejos. Entre más nos acercábamos al frente de batalla, más recio se escuchaba el ruido.

Nosotros nos dividimos en grupos de diez para rodear el frente de batalla. Nosotros peleamos en la parte posterior de la línea primero, luego avanzamos. Nosotros usamos muchas de nuestras bombas grandes y los asustamos. Cuando estaba tranquilo, nosotros escuchamos gritos. Ellos nos llamaron en Camboyano, "¡No nos maten!"

Yo dije, "¡Déjame ver tus manos!"

Ellos dejaron caer sus armas, pusieron sus manos en alto y se acercaron a nosotros. Yo pregunté cuantos eran y porque estaban aquí. El dijo, "Solamente quince." Su lider había visto nuestro Ejercito de Liberación Camboyana. Ellos vinieron a buscarnos y a los Jemeres

Rojos. Nosotros los atamos y les vendamos los ojos toda la noche. Cuando regresamos, la gente del campamento llegó a verlos. Ahora nosotros teníamos evidencia de los Vietnamitas.

El Gran Jefe llamó a las autoridades Tailandesas para que vinieran a verlos. Nosotros mandamos a los Vietnamitas a Tailandia porque nosotros no teníamos cárcel en el campamento para ellos. Nosotros tomamos sus armas, las cuales eran pistolas de mano muy viejas, incluyendo M-16s y AK-47s. Todo lo que traían con ellos eran armas y ropa. Nosotros dormimos ahí en la línea del frente de batalla, haciendo amistad con los otros soldados del frente de batalla que habíamos capturado. Ellos estaban muertos de miedo por la batalla. Ellos tenían tres rondas en sus armas; nosotros teníamos cien veinte rondas. Nosotros nos quedamos con ellos toda la noche y en la mañana nosotros regresamos a casa.

En casa, el Gran Jefe vinó a ayudarnos. Yo le agradecí por el frente de batalla ser muy rápido, de otra manera nosotros no hubiesemos podido ayudar. Una vez más, un grupo pequeño era mejor que un grupo grande. Nosotros facilmente nos esparcíamos y cubríamos uno a otro.

Entonces nosotros fuimos de regreso al Campamento. En la mañana, la gente vinó a preguntarnos que pasó la noche anterior. Mi grupo les contó historias. Todos escuchaban con ojos bien abiertos. "¿Los Vietnamitas están aquí?"

Después todos se marcharon, nosotros regresamos y convocamos a una reunión. Yo le dije a mi grupo, "Gracias. Nosotros hicimos el trabajo bien rápido y nadie fue herido. Esta es nuestra casa. Nosotros no queremos que nadie queme nuestra casa, ¿cierto?"

"¡Cierto!"

"Hay un círculo alrededor de nosotros. Nosotros no queremos a nadie de ese círculo. Eso es todo lo que tenemos. Nosotros no tenemos otro lugar a donde ir. Ni siquiera los Jemeres Rojos saben de este lugar."

Entonces el Gran Jefe llamó a todos los lideres a una reunión secreta. Nosotros estábamos un poco asustados por que los Vietnamitas estaban dentro de nuestro círculo. Antes, habíamos tenido una línea de soldados al frente; ahora nosotros habíamos hecho una segunda línea aún más lejos. Nosotros teníamos más gente ahora que había sido rescatada y se había unido a nuestro ejercito. La línea exterior nos llamaría a nosotros si el enemigo llegaba y nosotros estaríamos en guardia. Yo le dije al Gran Jefe que yo necesitaba colocar algunas minas fuera de nuestro círculo para detenerlos, de otra manera, sería muy facil para ellos llegar a nosotros. Si nosotros escuchábamos una explotar, nosotros podríamos salir enseguida. Por lo tanto, fui y coloqué muchas minas.

Finalmente, todo estaba listo para proteger nuestro campamento en la selva. Nosotros estábamos listos para ir de regreso a Camboya.

Ese día el Gran Jefe llamó a todos que nos juntaramos y dijo que ahora yo estaría a cargo de dos-cientos soldados. El me dijo, "Bun, tú tendrás a otros cien para tu grupo."

Yo le dije que yo tendría que escoger mis soldados otra vez. Yo reuní a todos los soldados en el campamento y caminé hasta cada uno y pregunté si él tenía familia. Si él tenía familia aún viva, le decía que no podía ir conmigo. Nuestro grupo era especial; huérfanos solamente, mantenerse listo veinte-y-cuatro horas al día, listos para pelear a cualquier hora. No importaba cuando. Si estábamos muertos, todos nosotros sabíamos que nadie lloraría.

Yo preparé a todos los soldados y los dividí a mi grupo. Pusé a los viejos miembros de mi grupo a capacitar a los nuevos miembros. Después que entrenamos, llevamos al grupo a la selva a practicar guerra en la selva. Los nuevos miembros tenían miedo a la selva. Yo les dije que no tuvieran miedo, que nosotros contábamos con todos estos soldados veteranos (diecisiete y dieciocho años) de los cuales aprender. Les dije que los miraran y que hicieran lo que ellos hacían.

La próxima semana nosotros llevamos a la mitad del grupo nuevo a buscar Jemeres Rojos. Por todo el camino nosotros les enseñábamos como pelear. Nosotros fuimos muy afortunados ese día y nos encontramos a cien Jemeres Rojos. Nosotros nos instalamos en el monte y le informamos a los nuevos soldados que hacer.

Estábamos bien separados con alrededor de veinte pies entre cada soldado. En cada orilla de nuestra línea estaban los soldados veteranos con radios. Nosotros nos mantuvimos en contacto mientras barríamos dentro en forma de medialuna, disparando nuestras armas y acercándonos desde afuera mientras gritábamos, "¡Agárrenlos vivos!"

Dentro de esa redada en medio círculo, los Jemeres Rojos nos dispararon y luego empezaron a uir. Aquellos que pensaban no poder escapar tiraron sus armas.

Yo pusé los soldados nuevos a cargo de los Jemeres Rojos capturados. La mayoría tenía catorce o quince años.

Yo platiqué con mi grupo y le dije que era todo por ese día.

Mietras caminábamos de regreso al campamento, pregunté a mis nuevos muchachos como se sentían. Ellos me dijeron que ellos estaban muertos de miedo. Yo les dije que la primera vez era siempre la peor. Yo les conté de mi primera vez, cuando oía pistolas y balas yo orinaba mis pantalones y algunos soldados se habían cagado. Nosotros también habíamos tenido miedo a las balas y las explosiones. Esto era normal. Yo les dije a estos nuevos soldados la historia acerca de encontrar dulces en la selva, como después de batallar todo el tiempo, las balas dirigidas a nosotros parecían como dulces. Yo les decía a mis soldados, "Ahí vienen los dulces."

Regresamos al campamento y recibimos una llamada angustiosa de Meng y el grupo número dos. Ellos habían salido a patrullar y se enfrascaron en una batalla con los soldados Vietnamitas.

Nosotros lo llamamos y preguntamos que tan lejos estaban ellos. El dijo que a dos días. Le dijimos que mantuviera un ojo en los Vietnamitas y que retrocediera hacia nuestro campamento. Nosotros envíamos a Khon y al grupo tres para ayudar. Se les dijo que se movieran rápido. Para la hora que el grupo tres había alcanzado a nuestros soldados, el juego se había terminado. Ya no había batalla alguna, por lo tanto ellos se dirigieron a casa.

Después de una semana de descanso en el campamento nosotros salimos a otra misión. Yo le dije al Gran Jefe que nosotros ahora necesitábamos ir a ciudades diferentes. Todas las ciudades cerca de nosotros estaban vacias de gente. Le dije como los Vietnamitas estaban entrando a las ciudades tratando de tomar el control. Ellos no sabían quienes éramos nosotros y pensaban que éramos un peligro para ellos. El me dijo que tomara más soldados en la próxima misión y que tuviéramos cuidado.

Esta vez llevamos cien soldados. Nosotros llevamos más comida y más balas. Nosotros caminamos por un día y nos encontramos un rio enorme. La orilla opuesta estaba al menos a cuarenta-y-cinco minutos nadando. Estaba profunda el agua. Nosotros comensamos a cortar árboles de banana y de coco para fabricar lanchas. Atamos junta toda la madera que flotaba e hicimos balsas. Teníamos que subir nuestras armas, cañones y comida sobre las balsas. No había forma de nadar este río cargando nuestras armas. Esperamos hasta la noche para asegurarnos de no ser visto por los Jemeres Rojos o los Vietnamitas.

Una vez que se anochecio, nosotros entramos al agua. Apuntamos nuestras luces adelante y podíamos ver ojos verdes y rojos mirándonos fijamente por toda el agua. Por todas partes donde relampageábamos nuestras luces veíamos ojos verdes y verdirojos. A nuestra izquierda y nuestra derecha, adelante y detrás. Viniendo hacia nosotros estaban estos ojos tan grandes. Estos eran los cocodrilos.

Nosotros sabíamos que el cocodrilo unicamente te mataba si tú estabas en la parte de arriba del agua. Abajo de la superficie, ellos eran nuestros amigos. Tú podías nadar con ellos y tocarlos porque ellos no podían morderte bajo el agua.

Yo mandé a mis soldados que tomaran bombas chinas y nadaran bajo el agua hacia el cocodrilo. Cuando ellos se acercaban al cocodrilo, ellos se sumerjían bajo el agua, tiraban la bomba en el fondo y luego nadaban de regreso hacia nuestro grupo sujetando los cordones. Una vez que mi soldado estaba en la superficie otra vez, ellos halaban el cordón. La explocion asustaba las serpientes y cocodrilos fuera de nuestro camino. Nosotros empezamos remando nuestras balsas de árboles de banana através del río hacia la otra orilla.

Cuando nosotros estábamos seguros al otro lado, tomamos un descanso. Nosotros estábamos ahora en territorio Vietnamita. Nosotros podíamos ver sus luces. Yo me colé dentro de su campamento para ver cuantos soldados habían y lo grande de sus armas. Ellos tenían muchas agmas grandes y muchos soldados. Yo regresé con mi grupo y a las 10:00 p.m. abrimos fuego con nuestros cañones. Por quince minutos disparamos sobre la aldea. Luego invadimos su campamento, pero todos los Vietnamitas habían escapado. Nosotros limpiamos nuestro equipo y luego rápido nos retiramos. Nosotros podíamos oír armas comenzando a dispararnos.

En la distancia un cañon con el astil largo estalló. Hubó una explosión en la selva donde las bombas estaban aterrizando. Se veía como rayos estallando. Las bombas no nos asustaban. Nosotros habíamos pasado por tanta guerra que para este momento estos sonidos ya no nos molestaban. Mis muchachos les gustaba pelear de noche porque las bombas y balas se veían como fuegos artificiales en el cielo.

Nosotros desalojamos lejos de las bombas, nos acostamos detrás de árboles y tomamos un descanso hasta la mañana. Nosotros decidimos caminar de regreso a casa. Casi se nos había acabado la comida y las balas. El viaje nos había tomado cuatro días, nos tomó solamente dos días regresar al campamento.

En el camino buscamos los escondites de botines de los Jemeres. Yo recogí joyas de oro para ponerlas en un bote de un galón que mantenía en mi cuarto. El bote se estaba llenando por todos los viajes a pelear contra los Jemeres Rojos. Yo sabía que un día podría hacer algo bueno con todo el dinero del oro.

Aquella noche yo permanecí con soldados en la segunda linea de defensa. Yo estaba dormido cuando uno de mi grupo tropezó conmigo en el camino hacia abajo de la colina para traer agua para cocinar.

Yo le dije, "¿A dónde vas?" Cuando me dijo que él iba al río le dije que esperará y me dejara ir; había muchas minas allá abajo. Yo le dije que caminara detrás de mi mientras yo avanzaba cuidadosamente por el camino, intentando sentir el camino en lo obscuro. De repente sentí un cordón en mi pierna. Yo con cuidado lo seguí hasta la mina china y la desarmé.

Yo avancé un poco más y encontré otra. Esto continuó por parte de una hora. Nosotros nos acercamos al río y no podíamos ver nada. Yo no podía recordar el lugar exacto donde había clavado la próxima mina. Yo dí otro paso en lo obscuro. La mina despegó con una enorme explosión. Por suerte, yo había apuntado la mina para abajo del camino hacia los Jemeres Rojos y en sentido opuesto de nosotros. Yo fui alcanzado por el fuego y aire caliente, pero no por la bomba. Mi uniforme se quemó mucho y mi cabello fue chamuscado. El muchacho detrás de mi tenía cabello quemado también. La bomba había despertado al campamento entero.

Dentro de un minuto la Fuerza Especial completa vinó corriendo para abajo de la loma medio vestidos para averiguar lo que pasó.

Mis soldados sabían que la explosión de una mina solamente quería decir una de dos cosas muy malas: soldados enemigos estaban en nuestro campamento o uno de nuestros soldados había pisado en una mina.

Si los Jemeres Rojos o los Vietnamitas oían una mina explotar ellos inmediatamente lanzaban disparos de cañon directamente al lugar donde la explosión había venido. Eso es por lo cual mis soldados aparecieron medios vestidos. Ellos sabían que tenían que sacar a nuestros soldados de ahí rapidamente.

Cuando ellos me vieron, ellos preguntaron que había pasado. Yo les dije dos de los soldados habían venido abajo a traer agua y practicamente me tumbaron de la cama. Ellos habrían estado muertos si yo no hubiera ido abajo por el camino con ellos. Yo les dije que estaba tan obscuro que yo había perdido la pista a las minas y accidentalmente rompí un cordon.

Todos nosotros reímos. Ahora al menos nosotros sabíamos que nuestras minas estaban apuntadas hacia los Jemeres Rojos no a nuestros propios soldados.

27

Buda Sonreirá
1981

El día siguiente, nuestra segunda-línea de soldados nos desearon suerte mientras salíamos para otra misión. Dos horas más tarde, nosotros llegamos a la segunda línea de defensa. Ellos nos dijeron que tuviéramos cuidado. Nosotros respondimos, "Siempre, sí." Entonces nosotros pasamos las minas y nos incrustamos en la jungla un día más tarde.

Al amanecer la mañana siguiente, nosotros estábamos listos para andar nuevamente. Mi grupo camino hasta mediodía y tomó un descanso por quince minutos. Dos de mi grupo fueron a hechar un vistazo alrededor. Ellos vieron un hoyo enorme y al acercarse, ellos vieron miles de moscas azules. Entonces ellos vieron que cientos de muertos llenaban el hoyo. Todos nosotros caminamos hacia el hoyo para ver si alguna de las personas aún estaba viva. Parecía que los Jemeres Rojos habían traído a toda la ciudad y los habían arrojado en el hoyo. Los cuerpos estaban todos hinchados; nosotros no podíamos reconocer a ninguno, por lo tanto continuamos adelante.

Una vez más vimos gente corriendo através del campo, así que miramos por donde se iban. Eran como cien personas. Nosotros fuimos e intentamos detenerlos. Ellos nos tenían miedo, así que nosotros corrimos enfrente de ellos y dijimos, "No se apuren; nosotros somos gente buena. Nosotros no les haremos daño. Vean nuestros uniformes. Nosotros somos el Ejercito de Liberación Camboyana. Nosotros sabemos que los Vietnamitas vinieron a dañar gente. No corran; están a salvo ahora."

Yo dije, "Voy a tirar mi arma, para que ustedes me crean. Siéntense con nosotros." Todos ellos salieron.

Era difícil reconocerlos como gente, ellos estaban tan flacos y andrajosos. Yo hablé con una anciana. Ella me contó su historia y nosotros lloramos juntos. Yo la abracé y lloré muy fuerte. Todo lo que podía sentir en mis brazos era piel y huesos. Yo la llamaba "Mamá."

La dama me dijo como los Vietnamitas vinieron y empezaron matando gente en la ciudad, por eso ellos corrieron a la selva. Ellos estaban asustados y comían cualquier cosa que encontraban.

Yo le dije que habíamos capturado algunos Vietnamitas el mes pasado. Yo me dije a mí mismo que tenía que ayudar a estas familias. Yo los tenía que sacar de ahí rápido. Les dije a mis soldados que ellos tenían que cuidar muy bien de esta gente. Ellos estuvieron de acuerdo, diciendo, "Sí mi hermano."

Yo mandé unos soldados a investigar media milla alrededor para estar seguros que nadie estaba alrededor. Nosotros sacamos bolsas de comida para ellos. Inmediatamente, unas damas comenzaron a pelear por la comida. Yo les dije, "Tranquilas. Tenemos más comida."

En ese momento lloramos un poco más. Estos eran humanos, no animales. Nosotros abrimos más mochilas de comida. Ellos comieron y bebieron agua. Nos agradecieron mucho. Dijeron que algunas veces ellos veían gente en la selva. Ellos les preguntaban si habían encontrado comida, luego se separaban, pero ellos no podían regresar a la ciudad.

Nosotros podíamos oír armas a lo lejos. Yo pregunté si ellos oían las armas a menudo y ellos dijeron, "Sí, todos los días."

Entonces escuchamos pistolas cerca de nosotros. La gente quería correr, pero yo les dije que se quedaran conmigo y yo los protejería. Yo mandé diez soldados y cuando ellos vieron esto, ellos se calmaron un poco. Ellos habían estado con miedo por tantos días. Después de eso, nosotros los llevamos en dirección lejos de las bombas. Mis soldados querían que llamará al grupo dos para que nos ayudará, pero yo dije, "No, nosotros nos encargaremos de esto. Estábamos a dos días de retirado de casa." Cuando nosotros estábamos a algo de distancia de retirado, llamamos a los diez soldados que regresaran con nosotros.

Teníamos cerca de cien personas con nosotros. Cuando estábamos a un día de retirado, nos detuvimos para comer y dormir. Ellos preguntaron que tan lejos teníamos que ir y les dije que un día más. Decidí llamar al grupo número dos para que los recogieran y nos trajeran más comida, lo doble de la cantidad usual.

El grupo dos aparecieron un día más tarde. La gente estaba muy feliz de ver tantos soldados. Yo tomé la mitad de la comida conmigo para ir de regreso a buscar más gente, mientras el grupo dos llevaba a esta gente a casa. Mi grupo estaba contento por haber ayudado a tantos y dijeron, "¡Queremos ir a buscar más gente! ¡Es divertido!"

Algunos me dijeron, "Bun, ¡yo puedo ir a buscar gente yo solo!"

Todos ellos bromeaban unos con otros. Ellos querían encontrar más gente porque los hacía felices. Todos nosotros nos reunimos ese día. Nosotros nos dimos las manos y oramos por si nuestros padres estaban vivos en la selva, perdidos o corriendo de los Jemeres Rojos, que alguien les ayudará así como nosotros ayudamos a esta gente.

Dos días más tarde, nos acercamos a una ciudad y escuchamos tanques. Nosotros nos escondimos de ellos, pero los Jemeres Rojos nos llegaron por detrás y empezamos a luchar contra ellos.

Cuando los Vietnamitas oyeron esto, ellos comenzaron a bombardearnos. "¡O no! ¿Ahora qué hacemos?"

Yo ordené parar de pelear y estar bien callados, pero el fuego de cañón seguía llegando. Yo les dije a mis muchachos que buscaran un árbol grande. Las bombas estaban haciendo hoyos gigantescos alrededor de nosotros. Un árbol grande destrozado.

Les dije a mis soldados que se fueran a un hoyo grande y que mantuvieran un ojo en los Jemeres Rojos hasta que pudiéramos escapar. Ellos se quedaron en el bordo de un hoyo y le disparaban a cualquiera que se acercaba. Yo sabía que esto duraría todo el día. Cañones grandes y pistolas pequeñas, todos estaban disparando. Los tanques no podían entrar a la selva, pero ellos tenían un cañón largo que podía alcanzarnos, por lo tanto esperamos.

Yo pensaba, "¿Debo llamar al grupo dos y tres por la radio o esperar un rato hasta que se tranquilizara e intentar escapar?"

Los lideres querían que yo pidiera ayuda, pero yo dije, "Ellos están a dos días de distancia; ¿Cómo pueden ayudar ellos? Nosotros ni siquiera sabemos dónde estan los enemigos. Por favor, solamente estén en silencio y hagan lo que digo."

Mis soldados oyeron dos Jemeres Rojos gateando hacia nuestro hoyo así que nosotros estuvimos en silencio y esperamos y miramos.

Ellos no tenían armas. Nosotros les gritamos, "¿Quiénes son ustedes?"

Ellos no podían caminar; sus piernas estaban rotas a causa de las balas. Ellos nos suplicaron no matarlos. Ellos dijeron que habían dos más afuera. Cuatro de mis hombres fueron y los arrastraron dentro del hoyo. Ellos rogaron que se les diera agua. Yo pensé que era muy posible que uno de mis hombres les habían disparado temprano ese día. Uno había perdido su pierna. Solamente carne andrajosa colgaba de la pierna así que nosotros sólo la cortamos y vendamos la pierna.

Otra vez pidieron agua. Nosotros les dimos algo de agua, pero no mucha, porque mucha los mataría. Nosotros empapamos garras en agua y las escurríamos en sus bocas.

Mi grupo los trajo cerca de mí y yo les pregunté cuantos eran ellos. Yo imaginaba que ellos se habían acercado a nosotros para alejarse de los Vietnamitas.

Ellos nos agradecieron.

Yo les dije, "Ustedes tienen suerte; aunque ustedes no tengan una pierna, al menos verán a su familia de nuevo."

Les pregunté si ellos habían oido de los Soldados de Liberación Camboyana y ellos dijeron que sí, pero a ellos no les gustaba nuestro lado.

Yo les dije, "Nosotros ayudamos a la gente. Ustedes tienen suerte de que nosotros los encontramos. Nosotros los llevaremos a nuestro campamento y les daremos buena comida y buen descanso. El lado de ustedes unicamente deja personas muertas. Yo nunca dejó a mis soldados. Ellos son especiales; ellos ayudan a la gente. Los Jemeres Rojos han asesinado a millones de personas. Yo capturó a Jemeres Rojos con vida, y no los mato."

Estos muchachos comenzaron a llorar y levantaron sus manos

hasta sus caras en busca de perdón. "Lo sentimos mucho. Estamos en el lado equivocado."

Nosotros salimos del hoyo y fuimos a alejarnos de los tanques de cañones largos. A una hora de ahí, nos detuvimos para dormir mientras dos de nuestros soldados vigilaban. La mañana siguiente decidí que regresaríamos a casa. Estábamos cansados. Nosotros cargamos los Jemeres Rojos heridos con nosotros. Cuando nosotros nos acercamos a nuestro círculo exterior, nosotros disparamos tres veces. Media hora más tarde, llegamos hasta ellos. Yo les dije, "Tengo dos Jemeres Rojos conmigo."

Ellos dijeron, "Está bien, yo me los comeré vivos."

Yo dije, "Está bien, lo que ustedes quieran."

Nosotros pasamos el círculo interior hacia nuestro campamento, pero llevamos a los Jemeres Rojos alrededor por fuera a nuestra bodega. Nosotros teníamos que vigilarlos a cada segundo para protegerlos de la gente de nuestro campamento. La gente del campamento preguntaba, "¿Así se ven los Jemeres Rojos?" Ellos les gritaban, tirándoles piedras y palos, "Ustedes mataron a mi madre, padre, hermano, hermana. Unanse a nuestro lado o nosotros los comeremos."

Ellos me dijeron que yo era muy bueno con los Jemeres Rojos. Yo les dije, "Los Jemeres Rojos se ven así: dos ojos, dos piernas y ellos tienen un corazón de humano bombeando sangre. Si tú le haces el mal a la gente, el mal se te regresa."

Un soldado dijo, "Bun, es bueno que yo no sea un lider como tú. Si yo fuera lider, los mataría a todos ellos. Tú eres muy bueno."

Yo fui a visitar a la gente por un rato. Cuando eres un lider, la gente siempre viene a ti para todo. Todos ellos me conocían. Entonces fui a tocar los tambores y cantar canciones con las familias. Ellos me preguntaban cómo estaba. Yo les dije, "Hay muchos tambores allá y los puercos vinieron a verme."

Ellos sabían lo que estaba diciendo. Los tambores eran bombas y los puercos eran los Jemeres Rojos. Ellos me preguntaron dónde estaban los puercos y yo dije, "Ustedes pueden irlos a ver allá." Aquella noche nosotros cantamos, bailamos, contamos chistes y nos divertimos.

Muchas mujeres vinieron y pidieron lavar la ropa de mi grupo. Nosotros nos colamos y las miramos lavar nuestra ropa en el río, enjabonando y enjuagando. Ellos la trajeron de regreso para colgar y secar detrás de la casa. Entonces ellas las plancharon y las colocaron en cubetas para nosotros. Entonces nos reunimos para jugar juegos y agradecerles por limpiar nuestra ropa. Nosotros decíamos, "Todas esas damas son como nuestras hermanas."

A algunas de esas damas yo les gustaba, pero yo les dije, "Todo lo que quiero son hermanas, no una esposa ahorita."

Yo sabía que mis soldados me admiraban y veían como me comportaba. Yo tenía que ser bueno con toda la gente, incluyendo las damas amables en el campamento.

Las damas amables se encargaban de nuestras ropas y nuestra comida. Esto nos daba muchas fuerzas. Cuando la ropa se desgastaba, las damas decían que ellas tenían que limpiarlas muy suavemente, por lo tanto me decían que consiguiera ropa nueva. Pero yo decía, "No, a mi me gusta mi ropa vieja."

Ellas se reían de mí. A mí me gustaba usar mi ropa hasta que desaparecía.

Mis soldados y yo regresaban al campamento y bromeaban uno con otro. "Hey, a esa dama le gustas; a esa flaca le gustas; a dos de ellas les gustas."

Yo les decía, "Ellas son nuestras hermanas. Si yo encuentro a mis padres, hermana y hermanos, ellos se encargaran y me encontraran una esposa para mí. Esa es la manera Camboyana."

La mañana siguiente, yo le dije a el Gran Jefe que necesitaba tomar una semana de descanso. El respondio, "Bien por ti."

Cuando yo le dije a mi grupo que ellos tenía una semana de descanso, ellos brincaron de la cama grito y grito. Ellos dijeron, "¡Vamos a ver como esta el grupo dos de Meng y el grupo tres de Khon!"

Nosotros visitamos al grupo número dos primero. Mi grupo me escondió detrás de ellos. Como nos vieron venir, ellos dijeron, "¡O no, otra vez no! Porque nosotros todo el tiempo los llamábamos. Mi grupo les dijo, "¡Tienen que levantarse! Ellos los necesitan en la primera línea!"

Todos ellos tiraron todo y comenzaron a empacar a toda prisa. Ellos se levantaron y se alinearon en tres filas de diez.

Mi grupo decía, "Oye, te hace falta un boton; hey, ¡Tú tienes que limpiar tus zapatos! ¡Arréglalo antes de que venga el Jefe!

Entonces yo salí de donde estaba escondiendo y me eché a reír. Yo halé al lider del grupo a un lado y le dije, "Mis muchachos espantaron a tus muchachos; ve y diles que dejen sus armas y se vayan a acostar."

El dijo, "Uno, dos, tres, dejen sus armas y váyanse a dormir."

Todos ellos se miraban uno con otro y decían, "¿Qué?" Entonces mi grupo se echó a reir. Grupo número dos corrió para brincar sobre ellos y pelear con ellos, gritando, "¡Ustedes nos asustaron en serio!"

Ellos lucharon. Mis soldados siempre bromeaban uno con otro de esta manera cuando ellos no estaban en guerra.

Aquella noche yo reuní a todos mis tres-cientos soldados y les dí consejos. Yo les dije, "Tengan cuidado. No lastimen a nadie porque se les regresará a ustedes y luego la bala los encontrara. Ni siquiera quebren una rama de un árbol cuando ustedes descansen en la selva. Esto daña la planta justo como si yo fuera y rompiera su dedo.

No lastimen a la gente ni siquiera les griten. Buda les sonreirá. Si ustedes son buenos, la gente los querrá y ustedes vivirán más tiempo.

Respeten a sus padres primero porque ellos los criaron. Luego respeten a Buda, a los árboles, las montañas y todo. No es una regla, sino una manera de vivir su vida.

Si ustedes se meten en problemas, tomen algo de tierra, coloquenla en su cabeza y oren. 'Tierra, por favor ayúdame,' Nosotros crecemos de la tierra y nosotros volveremos a la tierra. En una emergencia, la tierra les ayudará a sobrevivir.

No escupan, orinen o caguen en el agua; es vida y se mantiene en movimiento. Sin ella, ustedes no tienen vida.

Sean honestos. Si ustedes quieren ver a su madre, padre, hermano, hermana o tío de nuevo, ustedes deben ser rectos en su vida. Si ustedes no me creen, quiza ustedes verán por su propia cuenta."

Después de este discurso yo les dije buenas noches y me regresé a mi casa de campaña.

28

El Maestro
1982

Una noche yo soñé acerca de una batalla a tiros que no cesaba. Cuando me desperté, estaba muy inquieto. Yo fui a ver una de las familias de el campamento para platicar con ellos. Ellos me invitaron a desayunar. La hija cocinó para nosotros y entonces comimos. Nosotros nos sentamos para hablar y le pregunté cómo estaba la gente nueva. Ellos dijeron, "Muy bien."

Yo les dije que yo necesitaba ver a otra familia, así que salí de su casa y comencé a caminar por la calle. Yo estaba caminando por una casa de bambú con un techo de hojas. El anciano que había sido testigo de mi ceremonia de hermanos de sangre estaba sentado en frente del porche. El tenía cabello blanco, su piel estaba arrugada y era muy delgado. El me llamó por mi nombre y me pidió que me acercara.

El me dijo que él sabía de todo el trabajo valiente que yo estaba haciendo. El dijo que él era una de las diez-mil personas que mi grupo había salvado de los Jemeres Rojos. El sabía que yo tenía que correr alrededor y cuidar de mis soldados, correr de un lado para otro en la selva para salvar gente y correr para pelear contra los Jemeres Rojos y Vietnamitas. Entonces él me preguntó que si tenía una hora libre.

"Sí," yo dije.

El me dijo que él me había visto salir a pelear muchas veces. "¿Quieres más fuerza?"

Yo le dije que tenía suficiente energía cuando comía buena comida.

El me dijo, "No, fuerza de Dios, una letra de Buda."

"¿Qué tipo de letra?"

"Una letra para llevar en tu cuerpo."

Yo le dije, "Está bien, me gustaría eso." Yo estaba pensando que obtendría un pedazo de papel.

"Quítate tu camisa y tus pantalones largos."

El sacó un palo largo con tres agujas asomándose. El tenía tinta negra en un sartén. El dijo, "Te daré tres cosas para ayudarte. Primero, para cuando vayas al frente de batalla, esta letra te ayudará a sonar más de ciento-diez por ciento más fuerte cuando tú estés gritando. La segunda es para picaduras de animales. Si una serpiente intenta picarte, día o noche, esta letra te ayudará. Esta te protegerá de las bombas también. La tercera es para ayudarte a correr rápido y nunca cansarte. Eso es lo que quiero darte. Yo hago esto porque cuando te veo, te ves como mi hijo. Yo nunca le he hecho estas letras a nadie antes."

Entonces él tomó el palo, lo metió en tinta y luego me lo insertó en mi cuello. "Esa es la primera para gritar recio y fuerte."

Entonces el segundo tatuaje me lo pusó en el tobillo, "Esa es protección de picaduras de animales: arañas, cocodrilos, serpientes y todos los animales en el suelo."

El tatuaje final iba en ambas rodillas, "Ese es la letra de Buda para correr rápido."

Los tatuajes dolían, pero no dije nada. El anciano me había buscado y quería ayudarme a mantenerme vivo. Yo esperaba que las letras me ayudaran.

La próxima vez que fuimos a Camboya a pelear, los Jemeres Rojos nos atacaron de inmediato. Nosotros nos separamos para dificultar que nos dispararan. Mis soldados estaban a treinta pies separados, de nuevo usando nuestra maneobra del Cuerno de Búfalo de Agua. Nos alistamos para la batalla y nuestros soldados al final empezaron a disparar. Yo estaba en el medio y grité, "¡Vamos! ¡Atrápenlos vivos!"

Los soldados al final corrieron disparando sus armas al viento y asustar a los Jemeres Rojos y escaparan. Después que los Jemeres Rojos se habían ido, mis soldados vinieron a mí y me dijeron, "Bun, tu voz suena muy fuerte. Nosotros te podemos oír mucho mejor que antes."

Les conté acerca del anciano y les mostré el tatuaje en mi cuello que hizo mi voz fuerte.

Ellos preguntaron si yo tenía más. Yo les enseñé el tatuaje en mi tobillo y en mis rodillas. Yo les expliqué para que eran. Todos ellos querían tatuajes como yo. Yo les dije que cuando regresaramos a casa les mostraría a donde ir. Yo no les dije que no podías pedir nada al maestro anciano, él vendría a ti.

Nosotros peleamos en muchas misiones después de eso. En cada viaje a casa nosotros tratábamos de pasar por el escondite de plata de los Jemeres Rojos y recoger algo más de joyas.

Después de una de estas misiones, yo fui a mi casa de campaña cargando un collar de oro, anillos y relojes desde la selva. Yo caminé hasta mis botes y vi una carta sobre mi cama. Yo no pensé nada acerca de esto. Yo siempre recibía cartas. Yo guardé mis joyas y bajé mi mochila. Finalmente, caminé hacia mi cama. Tomé la carta y le di vuelta. ¡Era de mi mamá!

Rasgé la carta para abrirla. Mi mamá estaba escribiendo desde un campamento Tailandes de refugiados. La carta decía que ella había estado escribiendo a los Campamentos de Refugiados de la Cruz Roja de Las Naciones Unidas desde 1979 preguntando a las autoridades si ellos habían visto a su hijo.

En enero de 1983, mi mamá me encontró.

PARTE CUATRO

Mi Mamá Me Encuentra

29

El Escape de mis Padres
1979

Durante la toma de posesión de los Jemeres Rojos en 1975, las personas mayores y los bebés fueron mantenidos en las ciudades para hacer trabajo doméstico y construir equipo para los trabajadores en los Campos de la Muerte. Unicamente los niños y los adolescentes fueron mandados a los campos.

Después de siete años como esclavo en los campos de arroz, mi papá se despertó con el sonido del bombardeo pesado. Mis padres pensaron que quiza los Jemeres Rojos estaban peleándose entre ellos. Hora tras hora las bombas no paraban. Mi papá dijo, "¿Qué estaá pasando allá afuera? ¿De dónde vienen las bombas?"

Ellos caminaron dos millas lejos de la ciudad con el bombardeo terrible y el ruido por todas partes alrededor de ellos. Llegaron a un llugar al lado de un ancho, profundo río donde ellos podían ver tanques y soldados en el otro lado.

"Caramba, esos no son Jemeres Rojos, esos son Vietnamitas." Los dos ejercitos estaban peleándose entre ellos.

Después de un rato el bombardeo se detuvó. Mi papá vió a los soldados Vietnamitas nadando a travéz del río hacia el lado de los Jemeres Rojos. La gente Camboyana en la orilla del río vió todo esto y se dió cuenta que ellos podían llegar hasta el lado Vietnamita y conseguir libertad si ellos nadaban. Ellos comenzaron a nadar a través del río ancho y cafesoso.

Miles de personas entraron al río. Los Jemeres Rojos pronto se dieron cuenta y empezaron a bombardiar el río. Los Vietnamitas comenzaron a bombardiar a los Jemeres Rojos.

Mi padre cortó árboles de plátano y fabricó una pequeña balsa. El tomó a mi mamá y a mi hermanito y los pusó encima de los pedazos de árbol. Mi mamá no sabía nadar. El entonces corrió dentro del agua. Los Vietnamitas nos estaban gritando en los altavoces desde el otro lado para que se apuraran. Mi padre pateaba en el agua, tratando de llevar la balsa a través del río ancho. Las balas zumbaban por su oído. Las bombas explotaban en el agua. Muchas personas fueron asesinadas. El agua empezó a volverse roja. La corriente lo empujaba río abajo en lo grueso de las balas y las bombas. La gente salió al río para ayudarlos a empujar hacia la orilla. De alguna manera mis padres y hermano escaparon.

Los soldados Vietnamitas les dijeron que corrieran lejos de ese terrible lugar y que los camiones de la Cruz Roja de las Naciones Unidas estaban esperando en el camino cerca de dos millas de retirado. Ellos llegaron a los camiones y entraron. Mis padres fueron llevados a un campamento de refugiados en una parte especial de Tailandia.

Después de un corto tiempo en el campamento, mis padres fueron a la Cruz Roja y les dijeron que ellos querían ir a la casa original de mi padre en Tailandia. Ellos habían trabajado y vivido en Camboya para ganar dinero, pero él y mi mamá eran ciudadanos Tailandeses. La Cruz Roja les pidió sus identificación, pero ellas habían sido tomadas y quemadas por los Jemeres Rojos. Mi padre le pidió a la gente Tailandesa que los ayudará. El les dijo que por favor fueran a decirle a su hijo y a su tío que ellos aún estaban vivos y viviendo en un campamento de refugiados.

El día siguiente mi tío Noun vinó de su casa en Chanthaburi, (pronunciado "chanburi") Tailandia para ver a mi padre. Mi padre le explicó a mi tío que ellos no podían ir de regreso a Tailandia porque la Cruz Roja pensaba que ellos eran Camboyanos. Mi tío les dijo, "No se preocupen. Quédense aquí y nosotros los visitarémos todo el tiempo."

Mientras tanto, mi mamá estaba tratando de averiguar que había pasado con sus hijos. Tío Noun le dijo a mamá que ellos habían visto a He Ty y a Cole He en 1975, en Tailandia.

El hermano del padre de Noun de Chanthaburi fue a buscar a He Ty en Tailandia. El le preguntó a la gente a dónde se había ido. La hermana de He Ty le dijo que él se había ido a los Estados Unidos con mi hermano en 1975. Mi tío regresó y le dijo a mi mamá que su hermano y su hijo se habían ido a los Estados Unidos.

A ella se le dió la dirección de donde ellos vivian en los Estados Unidos y mi mamá escribió una carta la cual He Ty eventualmente recibió en Ellensburg, Washington. El le contestó a mi mamá y luego fue a la Iglesia Metodista en busca de un patrocinador para tres personas, lo que ella pensaba que quedaba de mi familia.

Después de enviar por correo la carta un año antes, mi mamá descubrió por medio de la Cruz Roja que mi hermana estaba viva en Francia. Mi hermana entonces envió una carta a Mamá. Mi mamá entonces le escribió a su hermano en los Estados Unidos y le dijeron que ellos habían encontrado a otro hijo. Otro fue sumado a la lista.

Por dos años mi mamá y papá se transladaron de un lado para otro a diferentes campamentos de refugiados. Durante este tiempo mi mamá continuó preguntando a la gente si ellos habían visto u oído de sus niños. Un día unos Soldados de Liberación Camboyana fueron a visitar los campamentos de refugiados. Estos soldados, que habían venido a reclutar muchachos para el Ejército de Liberación, le dijeron a mi mamá que no solamente me conocían, sino que yo era el gran lider de la Fuerza Especial y que yo peleaba todos los días para sacar a la gente de los Campos de la Muerte. Mi mamá mando una carta con ellos.

Estos soldados son los que trajeron la carta al Campamento de Liberación que cambió mi vida.

30

Baja Uno, Toma Uno
1983

Aquella noche especial en 1983, luego de encontrar la carta y leer las palabras de mi mamá, yo pensé, "¡Mi mamá me encontró!"

Inmediatamente mi pensamiento fue, "Ya no puedo seguir viviendo como si 'mañana estoy muerto.'"

Yo escribí una carta a mi mamá y le dije que yo estaba aún vivo, que yo dormía bien y tenía buena comida. Yo le dije que estaba ayudando a la gente a escapar de los Jemeres Rojos.

Yo le dije a mi grupo ese día que mi mamá me había encontrado. Tomé la carta y fui a ver al Gran Jefe. Le dije que yo quería ir a ver a mis padres en el campamento Tailandes de refugiados. Le dije que nosotros habíamos sido separados desde abril 1975.

El Gran Jefe dijo, "Tú quédate aquí, Bun. Yo iré por tus padres y los traeré aquí."

Yo le dije, "No, mi mamá ya no quiere escuchar bombas nunca más." Le dije que los dejara estar ahí donde estaban a salvo de esta guerra.

Yo me retiré caminando y fui a mi cuarto. Me acoste ahí y tenía miedo. Yo reflexioné acerca de lo que yo había estado haciendo: peleando, siendo atrapado, pisando minas. Yo pensé esa noche, "Yo quiero ver a mis padres. Yo ya no quiero pelear. Yo no quiero morir ahora."

Yo pensé en lo que el Gran Jefe me había dicho e intenté olvidar a mis padres luego de eso. Nosotros saldríamos en la mañana para ir a sacar más gente de Camboya. Yo tenía que pensar en mis soldados.

Un mes después, luego de regresar de una segunda misión, ahí estaba otra carta boca abajo sobre mi cama. Yo le dí vuelta y mi corazón saltó. ¡Otra carta de mi mamá! En aquel día yo solamente me senté y leí la carta todo el día. La carta me contaba acerca de mi familia, como ellos me extrañaban, como ellos habían encontrado a mi hermano Cole He. Ese día mi corazón se llenó. Yo quería ir a buscar a mi mamá. Yo quería salir. Fui a mi Jefe una vez más. Yo le dije que había recibido una segunda carta de mi mamá. Le dije que yo quería ir a ver a mis padres y luego yo regresaría.

Mi Jefe me dijo que no podía ir. El iría en lugar de mí. El me dijo que si me iba, mis soldados se quedarían sin alguien que velará por ellos.

Yo le dije al Gran Jefe que me diera dos semanas, luego yo regresaría. El me dijo, "No, tus soldados te necesitan."

Una vez más traté de olvidar la carta. Platiqué con mis soldados y bromeamos, luego fuimos a otra misión en Camboya.

Dos días después fuimos atrapados por los Jemeres Rojos. Esta ocasión estaba muy feo. Ellos nos tenían rodeados. Yo me dije a mi mismo, "¡Ahora sí! Mi mamá justo me encuentra y ahora yo estoy atrapado. ¿Será este mi día para morir?"

Mis soldados se me acercaron y dijeron, "¿Qué podemos hacer? Estamos rodeados." Yo sabía que la ayuda estaba a dos días de retirado. Estábamos muy lejos dentro de Camboya. Para cuando ellos llegaran hasta aquí, estaríamos muertos. En ese momento, traté de olvidar a mis padres y pensar unicamente en como salvar a mi grupo.

Todos, los treinta de mi grupo, se juntaron y oraron. Nosotros preparamos todo nuestro equipo para estar listos para partir. Todo lo que necesitábamos era un espacio de cuatro-cientos pies en la línea. Yo junté a todos conmigo y les dije que nosotros usaríamos cada bala y cada bomba para conseguir pasar el círculo en un punto estrecho. Nosotros oramos de nuevo y luego tiramos toda nuestra comida y suministros en el suelo para poder movernos rápido y pasar a través del círculo. Era nuestra única oportunidad de sobrevivir.

Con nuestras AK-47s disparando ciento-veinte rondas en segundos, nosotros corrimos hacia los Jemeres Rojos gritando y vaciando nuestras armas, cartucho tras cartucho, hasta que habíamos pasado la línea de soldados. Las balas estaban volando por todas partes. Los Jemeres Rojos no podían levantar su cabeza encima del suelo o ellos hubieran sido rociados por nuestras balas. En entrenamiento, yo enseñé a mis soldados como juntar cartuchos de sesenta balas en su AK-47 para que tan rápido como se terminaran un cartucho, pudieran sacarlo, voltearlo, y meterlo otra vez y disparar otras sesenta balas. En su bolsillo estaban dos cartuchos más. De esta manera tú podías disparar dos-cientos-cuarenta balas en una cosa de segundos.

Mientras nosotros corríamos a través del agujero gritando y disparando, los Jemeres Rojos yacían muertos en el suelo. Nosotros corrimos dentro de la selva para escapar de los disparos y seguimos corriendo hasta que estábamos dispersos por todos lados.

Después de estar fuera del alcance de las balas, nosotros comenzamos a buscarnos entre nosotros para asegurarnos de que todos estaban bien o si alguien estaba herido.

Yo los buscaba a ellos y ellos a mí, cuando oí las bombas grandes venir. Yo escuché y me dí cuenta de que estas eran bombas de tanques Vietnamitas. Los Vietnamitas habían oido la pelea a disparos y se nos estaban acercando. Yo le dije a mi grupo, "¡O, ahora estamos en un gran problema!"

Nosotros nos escondimos detrás de árboles para protejernos de las bombas. Cuando todo se calmó, nosotros fuimos a buscar a nuestro grupo. Tres horas más tarde nosotros aún no los encontrábamos. Nosotros disparamos como señal. Nosotros teníamos veinticinco personas. Cinco estaban perdidos.

Le dije a mi grupo que se quedaran ahí y no se separaran. Nosotros disparamos al viento tres veces como señal, "¡Bum, bum, bum!"

Ninguna respuesta. Nosotros disparamos tres veces más. ¡Entonces escuchamos tres disparos a lo lejos!

"¿Tan lejos?" dije yo.

Nosotros disparamos otra vez y luego fuimos a encontrar a los otros cinco. Llegamos a ellos y preguntamos si alguien estaba herido. Nadie lo estaba, por lo tanto nos fuimos a casa.

Cuando regresamos a casa, yo fui a ver a el Gran Jefe y le dije que habíamos perdido la batalla en esta ocasión. Nosotros estabamos atrapados y tuvimos que disparar ráfagas de balas para salir.

Le pregunté de nuevo, "¿Puedo ir a ver a mis padres ahora? Por favor, ¿Puedo ir?"

Mi Jefe dijo, "No, Bun, tú tienes trabajo que hacer. Tus padres están a salvo y alimentados. Tú quédate aquí con tus soldados. Ellos te necesitan."

Ese día yo le dije al Gran Jefe que si una tercera carta llegaba, yo tendría que ir. El me dijo que yo no podía ir. Ahora mi vida era la de un soldado. Nosotros vivíamos juntos, dormíamos juntos, moríamos juntos.

Dos semanas más tarde, la tercera carta llegó. Mi mamá decía que yo necesitaba venir a verlos de inmediato. Ella me contaba como mi hermano había crecido.

Yo fui caminando a un lugar tranquilo para pensar y leer la carta un poco más. Yo me senté y pensé, "¿Voy o me quedo con mis soldados?"

Yo había ido a Camboya demasiadas veces. Yo luché contra los Vietnamitas y los capturé con vida. Yo luché contra los Jemeres Rojos y los capturé vivos.

Recordé acerca de la misión donde algunos de mi grupo fueron heridos y mi Gran Jefe me ordenó hacer cien lagartijas. En otra ocasión, uno de mis soldados fue asesinado y mi jefe me ordenó correr alrededor de un campo hasta que ya no podía levantar mis piernas. Nunca se me había muerto un soldado antes. En cada misión yo hacía todo lo que podía para evitar que mis soldados resultaran heridos. Yo les enseñaba todo, a cada minuto, a cada hora de cada día acerca de como sobrevivir. Yo los cuidaba. Y ellos se mantuvieron vivos por tres años de pelear contra los Jemeres Rojos y Vietnamitas. Veinticuatro horas al día, siete días a la semana.

Yo me senté al lado de un árbol y hablé conmigo mismo. Me conté a mi mismo mi historia. ¿Cuántas veces había escapado a la muerte? Todas las batallas, todos los escapes de milagro. Cada vez el

Gran Jefe me daba más soldados y yo les enseñaba como tratar a los animales, las plantas y a ser buenos con toda la gente. Yo les enseñe como pelear y como protejerse ellos mismos y como proteger a todos los demás. Ahora las batallas estaban empeorando. Ya no había gente que rescatar, solamente soldados peleando unos contra otros todos los días. Ya no tenía sentido arriesgar nuestras vidas.

Ahora mis padres me habían encontrado. Yo me preguntaba ¿Qué pasaría si yo solo me alejaba de este lugar? ¿Qué pasaría con todos mis amigos, mis soldados, mi gente?, ¿Qué iban a hacer ellos?

Yo me respondí a mi mismo, "Yo todavía tengo viejos amigos aquí que pueden cuidar de estos muchachos."

Levanté mi gorra que decía, "Mañana Estoy Muerto."

Cerré mis ojos y lancé mi gorra por el árbol. Yo ya no quería ver ese letrero. Yo tomé el parche de los huesos cruzados en mi hombro y lo arranqué. Ya no quería seguir viendo. Ya no podía decir las palabras, "Mañana Estoy Muerto."

Eso era todo. Yo me levanté y caminé de regreso a mi cuarto. Yo hable conmigo mismo por todo el camino, "Yo no le he mentido a nadie. La tercera carta llegó y ahora tengo que ir. Tengo que hacerlo."

Era difícil para mí alejarme de mis soldados. Yo me senté en muchas ocaciones y respiré hondo. Desde 1977 hasta ahora, yo había estado en la selva. Yo conocía todo los lugares donde iba. Yo sabía donde estaban las minas y las bombas. Yo las había instalado y las había quitado. Yo había entrenado a los soldados como hacer esto. Yo me levanté y recorrí el resto del camino hasta mi cuarto.

En aquel día yo escribí cuatro-cientas-cincuenta cartas más una para mi Gran Jefe. Amontoné todas las cartas con sus nombres sobre mi cama. Limpié mi cama y pusé mi pistola y uniforme al lado de las cartas. Quité el parche de "Mañana Estoy Muerto" de mi uniforme. Esta vez, yo no estaba muerto.

Esa noche yo escribí todo. Pensé en como yo le había dicho a mi Gran Jefe que después de que una tercera carta llegará, yo me iría. Oré para que él comprendiera lo que yo tenía que hacer. Yo doblé mi uniforme y pusé mi AK-47 sobre mi cama. Yo observé mi rifle especial. Yo nunca había matado a ningún ser humano con él. Todas las veces que yo peleaba contra los Jemeres Rojos, yo disparaba sobre sus cabezas y los atrapaba vivos. No era bueno matar a una persona. Un buen maestro me había enseñado eso cuando yo tenía doce años. Yo nunca lo había olvidado. Tal vez así fue como yo sobreviví cinco años de las balas, minas, bombas, selva y soldados enemigos.

Junto a mi AK-47, pusé los dos botes de oro que había coleccionado en el transcurso de los últimos años. Yo coloqué una nota próximo a ellos diciéndole a mi Gran Jefe que llevara uno de los botes a Tailandia y usara el dinero para comprar comida y ropa para la gente del campamento. Yo pedí que usara la mitad del otro bote para mis soldados y la otra mitad para él. Yo me quedé con un collar de oro para mí.

Esa noche cuando yo me desperté para salir, un muchacho de nombre Hood me preguntó a donde iba. Yo le dije, "Toma tu arma y ven conmigo. Trae un par de ropa y ponla en tu bolsa."

"¿A dónde vas?" preguntó Hood.

Yo le dije, "Solamente trae tu ropa y vámonos."

"¿Dónde está tu grupo?" él quería saber.

"Nosotros no necesitamos un grupo. Esta es una misión menor," yo le dije a él.

A las 10:00 p.m. esa noche nos alejamos bajo una luna llena. Yo sabía que cuando mi grupo despertara ellos se preguntarían dónde estaba.

En una hora llegamos a la segunda línea Camboyana. Estaba obscuro. Ellos preguntaron quienes éramos y a dónde íbamos. Yo les dije que era Bun.

"¡O, Bun!" ellos dijeron.

"¿Dónde está tu grupo?"

Les dije que no necesitaba grupo, porque era un problema menor. Ellos me dejaron pasar. Nosotros caminamos hacia Tailandia. Después de estar fuera de la vista de la línea frontal, le dije a Hood que estaba dejando el ejército. El me preguntó que si mi grupo sabía esto. Yo le dije que ellos no sabían nada.

El dijo, "¿Bun, estas seguro de esto?"

Yo le dije que él podía regresar. El dijo que no, él se quedaría conmigo para mantenerme a salvo. Yo le dije que había otra frontera que cruzar. La frontera Tailandesa. Yo le dije que en esta ocasión él tenía que estar seguro de no decir nada, que se mantuviera callado y yo hablaría. La frontera Tailandesa sería peligrosa.

Yo no le tenía miedo a nada en esa noche. Yo quería ver a mis padres. Yo había sobrevivido desde 1975. Yo sentía que nada me detendría ahora.

Media hora más tarde, nosotros llegamos a la frontera. Los soldados de pie con sus M-16s nos detuvieron y me preguntaron quienes éramos. Yo les respondí en Tailandes. Les dije que yo era de Tailandia y había ido a Camboya para intentar ganar algo de dinero, pero que había terminado saliendo tarde. Yo me aseguré que mi Tailandes fuera perfecto porque si los soldados consideraban que nosotros éramos Camboyanos ellos nos matarían ahí mismo.

En mi bolsillo estaba una granada y una pistola. Si los soldados nos detenían yo tiraría la bomba al suelo, los asustaría y pasaría la línea divisoria. Nosotros seguimos platicando. Mi Tailandes los engaño. Los soldados me dijeron que tuviera cuidado en Camboya porque habían muchas minas y bombas. Les dije que yo sabía eso, sin embargo yo estaba bien. Ellos nos dejaron pasar y empezaron a platicar entre ellos.

Nosotros dormimos esa noche a un lado de un árbol en la jungla. El sol salió a las 4:30 a.m. Nosotros pusimos en el suelo nuestras armas, nos quitamos nuestros uniformes y nos cambíamos con ropa Tailandesa. Nosotros caminamos directo hasta una casa de dos pisos y tocamos la puerta. El dueño preguntó quiénes éramos. Nosotros le dijimos que éramos vecinos y necesitábamos agua. El nos invito a pasar. Platicamos por un rato. Entonces le dije la verdad. Le dije que yo necesitaba llegar a la casa de mi tio en Chanthaburi. El me preguntó por qué estaba ahí. Le dije que era una historia larga, pero en ese momento necesitaba su ayuda para llegar con mi tío. El quería conocer la historia.

Le dije que en 1975 mi familia había sido separada por los Jemeres Rojos. Mis padres habían escapado a un campamento Tailandes para refugiados. Yo he sobrevivido los Campos de la Muerte, me convertí en un Soldado de Liberacion y ahora yo necesitaba ver a mis padres. Le dije que necesitaba que él me llevara con ellos.

El dijo, "Yo no tengo dinero. Yo soy pobre."

Yo le dije que él podía quedarse con mi collar de oro. Esa mañana, él llevó el collar a un restaurante al lado de su casa. El intercambió el collar por dinero y luego regreso y nos consiguió un taxi. El le dijo al chofer que él necesitaría sus servicios todo el día.

El chofer preguntó cuantos pasajeros serían. El hombre respondió que serían cuatro. El chofer dijo que él necesitaba esperar hasta que fueran doce personas, sino no valía la pena. El hombre preguntó cuanto sería por las doce personas. El chofer dijo que él cobraba siete bahts (moneda Tailandes) por persona por un viaje largo. El hombre le dijo que él contaba con 300 bahts. ¡Los ojos del chofer se pusieron grandes! Ahora él estaba muy feliz en transportarnos todo el día.

El conductor del taxi preguntó a dónde íbamos. Nosotros dijimos, "Chanthaburi."

El chofer dijo, "Ningún problema. Yo sé donde esta eso."

Nosotros desayunamos juntos y luego fuimos de regreso a la casa del hombre que nos estaba ayudando. Yo le pedí que le dijera a su esposa y hermano que salieran. Les apunté hacia el árbol y le dije de las armas. Le dije que les regalaba las armas: una AK-47, una pistola y una granada. El hermano estaba bien emocionado.

Después de eso nosotros nos dirigimos hacia la casa de mi tío en Chanthaburi. El hombre le dió el dinero a su esposa. Nosotros manejamos cuatro horas directamente hasta donde el agua salada se encontraba con el agua dulce. Nosotros llegamos a un lugar donde yo recordaba caminar cuando era un niño. Mi tío siempre me había dicho, primer alto, primera vuelta.

Nosotros salimos en el primer alto y dimos la vuelta caminando. Yo vi un hombre viejo con canas en el campo. Yo le dije a este hombre, "Hey tío, ¿Usted conoce a un hombre llamado Noun?"

El me dijo, "Sí, yo conozco ese nombre. ¡Yo soy Noun! ¿TÚ ERES BUN? ¡Estás grande!"

Mi abuela salió de la casa. Ella me abrazó y exclamó, "No puedo creer que aún estás vivo."

Hasta este día no puedo creer que a la primera persona que vi fue a mi tío. Ella corrió dentro de casa y salió con una foto mía tomada en mi primer día de clases. Ella la había guardado todos estos años.

Mi tío dejó de trabajar y fue de prisa en su motocicleta a avisarle a mis padres. El fue y le dijo a mi mamá que su hijo estaba en su casa.

Mi mamá dijo que no le creía, que su hijo estaba aún en Camboya peleando. Mi tío regresó y me dijo, "Bun, tú te quedas aquí. No vayas a ninguna parte." El le dijo al conductor del taxi que se quedara también.

La mañana siguiente me levanté alrededor de las 6:00 a.m. Mi mamá y papá llegaron y tocaron la puerta.

Yo grité, "¡Mamá!"

Mi mamá me miró y sin ninguna sonrisa y en una voz muy seria dijo, "Tú quédate aquí."

Entonces mis padres se alejaron sin decir otra palabra. Yo voltié hacia mi abuela después que ellos se habían retirado y le pregunté qué había pasado. "¿Porqué se fueron? ¿Están enojados conmigo? Ellos ni siquiera preguntaron cómo estaba o algo."

La mañana próxima la Cruz Roja de las Naciones Unidas tocaron la puerta. Mi tío salió y escuchaba. Ellos trajeron papeleo dentro de la casa y me hicieron preguntas. "¿Cuál es tu nombre?"

"Bun Yom."

"Tú tienes un padre. ¿Cuál es su nombre?"

"Heng Yom."

"¿Cuál es el nombre de tu madre?"

"Heng He."

"¿Cuáles son los nombres de tus hermanas?"

Yo contesté, "Bo Pha Yom. Yo sólo tengo una hermana."

"¿Cuál es el nombre de tu hermano?"

"Cole He."

Yo respondí todas sus preguntas. Ellos intentaban embaucarme con la pregunta acerca de mi hermana, preguntando como si yo tuviera dos hermanas en vez de sólo una.

El oficial de las Naciones Unidas entonces dijo, "Bun Yom, está claro que tú eres su hijo."

Le pedí a mi tío que platicara con mi amigo, Hood, a quien me había llevado conmigo del Campamento de Liberación. Ellos platicaron un rato. Noun dijo que el tío de Hood aún estaba en Tailandia y fue a buscarlo.

Cuando el tío de Hood vinó por él, Hood me dijo, "Bun, me salvasté la vida. Yo nunca te olvidaré."

Entonces en el vehículo de las Naciones Unidas fui a reunirme con mi mamá. El chofer del taxi nos siguió hasta ahí. Nosotros entramos al campamento de refugiados. El oficial de las Naciones Unidos me dió un formulario de liberación y mi mamá vinó y me recogió.

Yo apunté al hombre que primero conocí y al chofer del taxi y le dije a mi mamá acerca de las dos personas que me habían ayudado a encontrarla. Yo le conté toda la historia de como ellos me habían traído hasta aquí a salvo.

Mi mamá los llamó y les dió a cada uno cinco bolsas de arroz. Cada bolsa pesaba sesenta libras. Luego ella les dió 5,000 bahts a cada uno. El hombre Tailandes dijo, "Gracias, pero no puedo llevar todo esto conmigo en mi taxi."

Mi mamá les dijo que no se preocuparan. Ella llamó a un soldado Tailandes y les dijo que siguieran al taxista de regreso a su casa.

Un camión de la Armada Tailandes apareció para transportar el arroz hasta la casa del hombre. Mi mamá les dijo que llevaran tres soldados para proteger el arroz y el dinero de ladrones. Ella le dijo que le dijeran cuando llegaran a casa. Los soldados siguieron el taxi todo el camino a casa. Cuando ellos llegaron, los dos hombres le escribieron una carta de agradecimiento a mi mamá.

Mi Mamá Me Encuentra

Esa noche yo me quedé con mi mamá por primera vez desde hace ocho años. Yo platiqué acerca de mi decisión de dejar a mis soldados y como yo había sobrevivido los Campos de la Muerte. Amigos vinieron y llenaron la casa. Mientras yo hablaba, mucha gente me preguntaba si había visto a sus hijos. Yo les dije que habían muchos niños, pero que eran difícil de reconocer porque ellos estaban muy flacos y su cabello se les había caído. Yo conté historias toda esa noche. Mi mamá trajó platos, buena comida y té para la gente. Nosotros comimos y bebimos. Yo no pudé dormir en toda esa noche. Yo estaba feliz de estar con mis padres, pero yo extrañaba a mi grupo de soldados. Yo extrañaba la selva con los árboles. Este campamento no tenía árboles. Nosotros estábamos en un campo caliente con pequeños apartamentos. Miles de pequeñas casas cuadradas. Habían diez-mil refugiados en el campamento. Mi papá habló y me contó la historia de como ellos habían escapado de los Jemeres Rojos. El pequeño Chhay jugaba detrás de mí. El ahora tenía ocho años.

Cinco días después mis soldados me encontraron. Ellos tenían una carta y un mensaje de mi Gran Jefe.

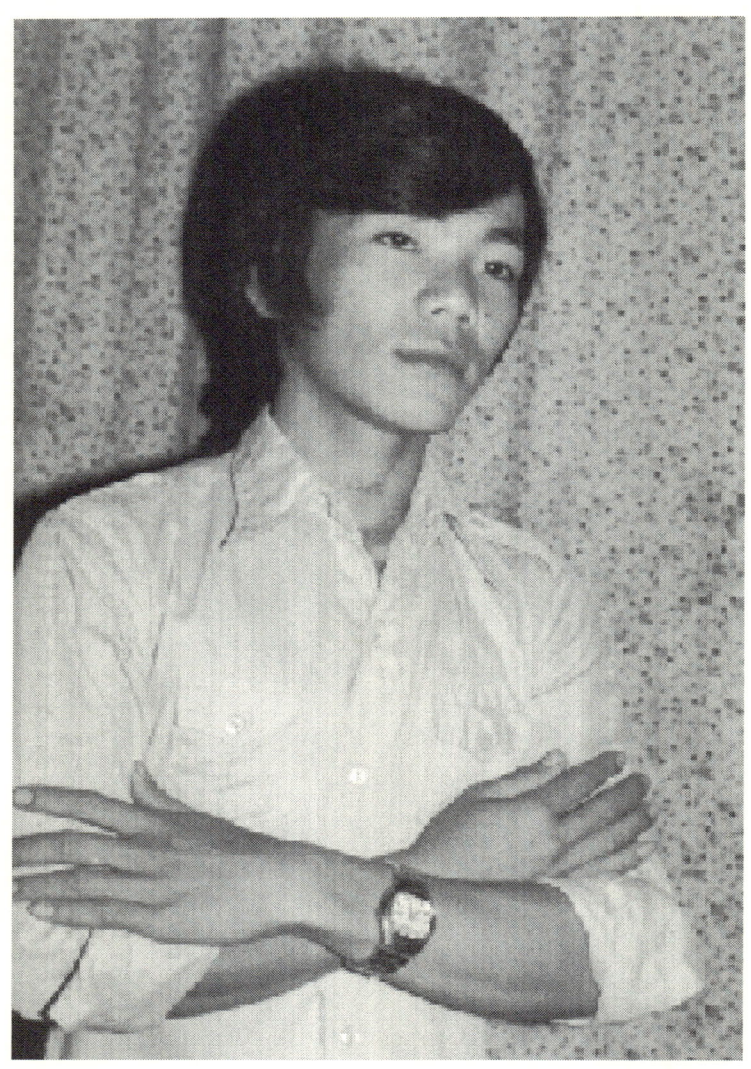
Ultimo día de Bun como soldado para Liberación Camboyana.

31

Mi Mamá Compra Mi Libertad
1983

Cuando llegué al campamento Tailandes de refugiados mi mamá estaba ocupada vendiendo volúmenes grandes de arroz y frijol a Tailandia. Esta comida era dejada por las Naciones Unidas para alimentar miles de refugiados. Había demaciada comida para la gente por lo tanto mi mamá le preguntó a la gente Tailandesa si ella podía venderles el arroz y frijol extra y usar ese dinero para dar a los refugiados para la ropa. Ellos estuvieron de acuerdo.

Tan pronto como llegué, yo vi lo que ella estaba haciendo y me ofrecí para ayudar. Yo recordaba ser muy bueno para las matemáticas en la escuela. Cinco días después de ser reunidos, yo fui a trabajar para mi mamá.

Ese mismo día, Soldados de Liberación Camboyana aparecieron y me encontraron. Ellos me trajeron mi uniforme y mi pistola, todo en una maleta, todo como nuevo. Los soldados me dijeron que ellos habían venido por mí y mi familia para llevarnos de regreso al Campamento de Liberación Camboyana. Mi mamá se reunió con ellos y les contó como nosotros habíamos sido separados por años, desde 1975.

Los soldados le dijeron que yo tenía que regresar porque desde que yo me fui, mis soldados no tenían energía o entusiasmo. Ellos no querían pelear más.

Yo hablé con los Soldados de Liberación y les dije que yo había enseñado a mis soldados como pelear, sobrevivir, mantenerse con vida y encotrar al enemigo. Yo les dije que antes de saber nada de mi mamá yo había llevado "Mañana Estoy Muerto" en mi uniforme. A causa de eso yo era capaz de poner mi vida en la línea a cada minuto todos los días. Mi vida era ayudar a mi grupo y rescatar gente de los Campos de la Muerte. Veinte-y-cinco horas al día, ocho días a la semana, trece meses al año.

Ahora que había encontrado a mi mamá, yo no quería morir. Ahora yo tenía miedo de pelear. Yo había visto muchos lugares peligrosos y estado cerca de muchos conflictos. Ahora yo tenía que alejarme de ese lugar de guerra y estar con mi familia. Yo les dije que era muy difícil hacer esto.

Yo les dije, "Díganle a mi grupo y a mis soldados que mi mamá me encontró por lo tanto yo me quedaré con mis padres ahora. Ahora yo les ayudaré, pero ya no ayudo con mis músculos y técnica. Yo ayudo a mi mamá con su negocio. Díganle a mi jefe y grupo que les mandaré dinero. Un día los iré a ver, no sé cuando.

Los cinco soldados me dijeron que si yo no iba con ellos ahora, ellos no querían regresar porque su jefe los mataría.

Yo les dije, "Eso no es verdad, nosotros somos Soldados de Liberación Camboyana. Nosotros no matamos a nadie."

Ellos dijeron que después de irme, el Gran Jefe no estaba contento. El no podía encontrar a nadie que me reemplazara. El dijo que me consideraba como su hijo. El era duro, "las balas-se-ven-como-goma" de ese tipo de hombre y creía en mí. El sentía que él y yo compartíamos algunos de los mismos dones.

Yo le dije a los soldados que yo había pasado todos esos años peleando día y noche en todo tipo de clima; había sido muy difícil. Ahora necesitaba un descanso. Yo les dije que iría a ver a mi Gran Jefe alguna vez.

Por cuatro horas los soldados alegaron conmigo. Yo fui a platicar con mis padres. Yo le dije a los cinco Soldados de Liberación que yo tenía que ir fuera por un momento. Entonces mis padres tomaron el relevo y hablaron con los soldados mientras yo salí y jugué con la gente. Una hora más tarde yo fui a ver y ellos estaban aún platicando. Dos horas más tarde yo observé y ellos no estaban finalmente.

Yo fui con mi mamá y le pregunté como le hizo para que se fueran. Ella dijo que ella le dió a cada soldado 5,000 en dinero Tailandes. Ella les dijo que tomaran el dinero y que regresaran a casa.

Así es como mi mamá compró mi libertad del Ejército de Liberación Camboyana.

Dos semanas más tarde, recibí más de tres-cientas cartas de mis soldados y de la gente de mi vecindario. Me tomó más de una semana para leer el montón enorme de cartas. Yo contesté tres-cientas cartas. Me tomó un par de días para escribirle una carta breve a cada persona. Yo también mandé 100 bahts a cada uno. Luego de eso, yo llevé el montón de cartas que mis soldados enviaron en mi bolsa a donde quiera que yo iba.

Yo me quedé con mis padres en el campamento por tres meses. Pronto, la Cruz Roja de las Naciones Unidas vinieron y me dijeron que tres meses era el máximo que un refugiado podía permanecer en un campamento. Nosotros teníamos que mudarnos a otro campamento. Nosotros nos dirigimos a Kowedung, Tailandia y a otro campamento para refugiados. Cuando arribamos, ellos alistaron una pequeña casa para nosotros. Había una bodega grande en el campamento equipado para dividir comida para todos los refugiados. La gente a cargo de dividir la comida se me acercaron y me pidieron que si yo les ayudaba a dividir frijol, arroz, pescado, pollo y vegetales para los refugiados.

En el campamento habían muchos ladrones quienes se colaban durante la noche. El problema era tan grave que la gente era incapaz de dormir. La Policía Especial del campamento sabía que yo había sido un Soldado de Liberación y me pidió que les ayudara a atrapar a los ladrones. Nosotros nos reuníamos después que el sol se metía y luego esperábamos como grupo para atrapar a los ladrones. De esta manera nosotros ayudábamos a la gente.

Haciendo esto, yo me las arreglaba para mantenerme ocupado ayudando al campamento. Durante el día yo alimentaba a la gente y durante la noche capturaba ladrones para que el campamento durmiera. Yo hice esto por seis meses.

Después de todos esos años atrapando Jemeres Rojos con vida, atrapar ladrones era fácil. Algunos de ellos eran Camboyanos, algunos eran Laosianos y otros Vietnamitas. Cuando nosotros los capturamos, nosotros los apartábamos y los asustábamos. Nosotros explicábamos que si los atrapábamos otra vez nosotros podríamos cortarles un dedo. Luego nosotros los amarrábamos junto a un árbol para espantarlos mucho. Después de medio día pegado ahí, nosotros los soltábamos. No había carcel para detenerlos ahí.

Mi mamá en el campamento se quedaba en casa y descasaba. Chhay jugaba con tierra mientras mi papá pasaba el día platicando con amigos. El campamento estaba rodeado con alambre de puas. No había donde ir ni nada que hacer. El baño era un hoyo excavado en el suelo afuera de nuestra casa de refugiados. Nosotros conseguíamos nuestra agua de un camión de agua y la cargábamos en cubetas hasta la casa.

Después ese año, la Cruz Roja de las Naciones Unidas vinieron y nos dijeron que iríamos a un campamento Filipino. Un día abordamos un autobús. Luego de un largo, terrible viaje, nosotros llegamos a un aeropuerto. Yo estaba asustado. Yo nunca había volado en un aeroplano antes. Nosotros despegamos de noche. Yo pasé todo el vuelo con una bolsa de papel sobre mis rodillas, preocupado pensando que me iba a tener nauseas.

Bun y Khon practicando para una carrera de una hora.

Bun diciendo adiós a su jefe de la bodega.
mayo 1984. El autobús a Manila espera detrás de ellos.

32

El Campamento Filipino
1984

Nosotros arribamos en Manila a media noche y nos amontonamos en un autobús para un viaje a un campamento Filipino para refugiados. Este viaje fue horrible. La carretera serpenteaba. La gente era sacudida por todo el autobús. Muchos estaban vomitando. Esto continuó toda la noche. Nosotros tratamos de dormir pero era imposible. El viaje tomó todo el día siguiente. Nosotros arribamos finalmente al campamento para refugiados a las 3:00 de la mañana.

Después que todo fue descargado, la gente refugiada se aproximó a mi familia y les dijo que había un cuarto esperándonos. Todos estaban aún mareados y con nauseas del viaje en autobús. Nos llevó una semana para finalmente sentirnos mejor.

Nosotros conocíamos mucha gente en el campamento. Un día unos amigos nos invitaron a ir a un templo Camboyano. Llegamos ahí, yo miré alrededor y dije, "¡Este no es un templo Camboyano! Es un templo Vietnamita. La gente habla Vietnamita. No Camboyano." Nuestros nuevos amigos nos explicaron que durante la guerra, los Vietnamitas se habían llevado los santuarios Camboyanos y los habían enterrado en un cerro.

Yo regresé a mi casa y le dije a mis padres que los Vietnamitas se habían llevado el Buda y lo habían enterrado.

Mi padre dijo que esto no estaba bien. Nosotros decidimos ir a buscar el Buda, sacarlo y colocarlo en el templo de nuevo. Nosotros visitamos a unas personas Laosinos. Nosotros les contamos nuestra historia. Esa noche un centenar de muchachos Laosinos y un centenar de muchachos Camboyanos fueron al templo a recuperarlo. Caminamos hasta los Vietnamitas y les dijimos que estábamos aquí para recuperar el templo. Los Vietnamitas nos dijeron que no podíamos entrar. Nosotros les dijimos que regresaríamos a las diez de la mañana para reclamar nuestro templo.

La mañana siguiente regresamos. Los Vietnamitas estaban ahí con más gente por lo tanto nosotros tomamos por asalto el templo. Peleamos contra ellos con palos, cuchillos y con las manos. Nosotros estábamos a mano pelona, peleando como en las peliculas de artes marciales de Bruce Lee. Finalmente los Vietnamitas escaparon corriendo. La gente mayor de nuestro grupo bajo los símbolos Vietnamitas y colocó los altares Camboyanos y Laosinos.

Ese día nosotros anunciamos al campamento de refugiados que nosotros habíamos recuperado el templo. Un grupo fue a sacar el Buda de la tierra. Cien personas desenterraron el Búda gigante, luego mil personas cargaron el Buda al templo en una caja de madera que fue hecha para transportar. Ese día hubo música maravillosa y baile. Viejos y jovenes bailaban juntos, todo el día hasta la noche. Habían todo tipo de comidas deliciosas. Todos trajeron algo especial para comer.

Para toda la gente, este era el momento más feliz en muchos años. Para nuestra cultura, nosotros teníamos que tener un templo para tener una buena vida. Ahora lo teníamos. Nos aseguramos de que el templo estuviera protegido. Nosotros destinamos gente para vigilar y protegerlo. Hasta este día, si tú tenías mucha hambre, tú podías ir por comida regalada a un templo Camboyano en nuestra ciudad. Sin importar que ciudad ni que país. Ahí habría un desayuno y un almuerzo para disfrutar.

La gente en este campamento sabía que yo podía separar comida, por eso ellos vinieron a mi casa a pedirme que fuera a separar la comida para los refugiados. Ellos me dijeron que pasaban por el campamento hasta diez-mil refugiados todos los días. Esta gente necesitaba ser alimentada.

A las 8:00 a.m., yo iba a la bodega y tomaba la comida de un camión. Con otros siete trabajadores, nosotros separábamos la comida y la entregábamos a las filas de gente. Después de dividir la comida, nosotros íbamos a jugar con los amigos. Luego íbamos a la selva a jugar con amigos Filipinos. Les llevábamos comida sobrante del alimento matutino. Esta pobre gente no tenía dinero. Ellos nos daban madera a cambio para que nosotros pudiéramos cocinar nuestra comida. Ellos estaban contentos haciendo esto porque yo les daba mucha comida.

Ese mes me encontré a mi amigo Khon. Ambos estábamos en el templo. Habían mil personas en el templo. Cuando yo lo detecté entre la muchedumbre, yo grité, "¡Hey, yo conozco a este tipo. El era el lider de mi grupo número tres!"

Yo grité, "¡Khon!"

El contestó gritando, "¡Bun!"

"¿Cómo llegaste aquí?" yo le pregunté.

El me dijo que él había sido capturado por los Vietnamitas

en una batalla. Ellos lo llevaron a una ciudad de donde él escapó y vinó a la Cruz Roja. La Cruz Roja lo mandó a un campamento para refugiados, y de esa manera fue como él llegó a Manila. Yo le conté mi historia de como yo había dejado a mis soldados en la noche.

El me dijo que después de marcharme yo, todos los soldados perdieron su energía. Khon me dijo que él estaba deprimido también. Yo le expliqué que nadie sabía que yo había ido con el Gran Jefe muchas veces para decirle que mi mamá me había encontrado. Yo le dije que me espanté y había perdido la fuerza para pelear porque ahora tenía miedo a morir. Pelear todos los días ya no tenía sentido. Yo quería ver a mi mamá.

Khon me dijo que después de yo marcharme, la guerra empeoró. Había muchas batallas y muchos muertos. Yo le pregunté si habían matado a alguno de mis soldados y él dijo que sí, a muchos. Yo le pedí nombres y fue duro para mí creer que estos muchachos se habían ido.

Khon dijo que los Vietnamitas peleaban ahora contra nosotros todo el tiempo. Dijo que eran demaciados. Matas cinco soldados y salen diez más. Matas diez y veinte aparecen. Ese era la forma Vietnamita. Sus tropas ocupaban muchas ciudades Camboyanas ahora.

Fue muy duro oír la noticia de la muerte de mis soldados. Yo quería llorar pero no pude llorar en ese día. Yo les dije que no había visto a Meng o a mis soldados por un año. Los extrañaba. Le dije a Khon que yo les había mandado una carta la semana pasada. Ahora ellos estaban muertos.

Khon me dijo, "No te preocupes por Meng. El aún está vivo y con salud. El se casó con la dama que él salvó. Ellos tienen un bebé y son muy felices."

Khon se quedó conmigo después de eso. Nosotros platicamos en la noche acerca de la guerra y nuestras experiencias. Khon me contó su historia, sobre ser capturado por los Vietnamitas. Nosotros hablamos acerca de dormir en los mismos campamentos, cabeza a cabeza.

Nosotros platicamos de como juntos construimos un cobertizo para dormir fuera en la lluvia y como durante la noche la tormenta y el viento derrumbó el techo. Nosotros no dormimos aquella noche. No había fuego o alguna manera de calentarnos. Todos estábamos empapados. Nosotros nos reíamos de esa historia.

Nosotros hablamos de la presa y de plantar arroz. Khon me dijo que no pensara en eso más. Los dos habíamos pasado por muchas cosas.

Luego de eso Khon me ayudó a dividir comida. Sin paga para ninguno de nosotros. Nosotros sólo éramos voluntarios.

Más tarde, Khon me dijo que nosotros deberíamos correr juntos en las mañanas. Nosotros comenzamos a levantarnos a las 3:00 a.m. y nos ejercitábamos por dos horas antes de salir a correr por una hora. Hacíamos esto cada mañana antes de ir a la bodega a las 8:00 a.m.

Algunas veces nosotros veíamos Vietnamitas y Laosianos corriendo. En una ocasión, estos corredores chocaban con nosotros en el sendero. Un día nosotros fuimos a la casa de los Laosianos y les preguntamos por qué hacían eso.

Yo dije, "¿Por qué me pegas? Yo puedo correr más rápido que tú."

"¿Y qué?" él dijo, ¿Estás seguro?"

"Sí."

"¿Quiéres apostar?"

"Okay." El nos apostó cien pesos (dinero Filipino).

La mañana siguiente nosotros nos encontramos con los Laosianos para la carrera. Nosotros le dimos el dinero a nuestros amigos y lo teníamos esperando en la línea final para los ganadores. Corrimos por una hora derecho. Al final del camino, la gente tenía nuestro dinero. Voltíamos a ver a los Loasianos y gritamos, "Hey, ustedes perdieron."

La mañana siguinte competimos en una carrera con dos Vietnamitas. Luego competimos con unos Mongs. El día siguiente corrimos con un equipo Camboyano. Estábamos ganando cien pesos todos los días. De noche, íbamos a restaurantes Filipinos y comprábamos comida, dulces, café y otras delicias.

Khon y yo andábamos juntos todo el tiempo, trabajando, corriendo, jugando y peleando en el templo. Este fue una muy buena época para nosotros.

En la tarde, me gustaba jugar fútbol con un equipo internacional de refugiados. Yo jugaba como volante derecho del equipo, camiseta número siete. Yo tenía dos personas en mi equipo que eran muy buenos. Uno estaba en medio campo y el otro estaba en el lado izquierdo. Si la pelota me llegaba, yo la pateaba a mi amigo de en medio que era muy rápido.

Nuestros adversarios trataban de quebrarnos las piernas, por eso yo aprendí la técnica de rodar por el suelo para evadir sus patadas. El suelo era lodo y tierra. No había cesped. Nosotros hacíamos nuestros propios zapatos con picos, poniendo clavos a través de nuestros zapatos para correr. Teníamos que usarlos porque cuando llovía la tierra se volvía lodo. No había reglas en nuestros partidos de fútbol. Tú podías pegar y podías patear. No había ambulancía para llevarse a los jugadores con piernas y brazos rotos. Si resultabas lastimado ibas a casa con tus padres para que te ayudaran. La única regla que existía era que si la pelota salía del campo, el referí la traería de vuelta y nos la aventaba.

Las patadas eran tan duras que reventábamos al menos dos pelotas de plástico por juego. Teníamos que darle dinero a las personas mayores del campamento para que nos hiciera pelotas de cuero que nos se reventaran.

Miles de personas nos miraban. Ellos apostaban dinero en nuestros juegos y nos echaban porras sin importar si perdíamos o ganábamos.

Bun de pie en el templo Camboyano-Filipino con el Buda rescatado.

Bun, un cinta negra, se voluntariza a enseñar Tai Kwon Do y Karate a los niños en el campamento Filipino. Bun hacía esto en su tiempo libre.

33

Como Llegué a los Estados Unidos 1984

Después de una de nuestras carreras, Manila fue golpeado por un terremoto masivo. La gente corría fuera de sus casa a la calle, "¿Qué fue eso?" Algunas personas en el barrio me dijeron que vivíamos encima del agua y que bajo nosotros estaba un pez enorme que se sacudía. Ellos se reían. Después de aquello, había un terremoto cada dos o tres días. Algunas veces eran severos y otros eran sólo un murmullo.

Algunas personas nuevas no sabían que pensar cuando teníamos otro terremoto. Nosotros nunca teníamos terremotos en Camboya. Esta era una experiencia nueva para todos nosotros y se me grabó en mi mente como algo muy poderoso. Ellos me preguntaron que era y yo les conté la historia del enorme pez rascándose la espalda. Ellos se preguntaban que tan grande. Yo les dije que era tan grande como una casa.

Para ayudar a pasar el tiempo, yo me ofrecí como voluntario para ayudar como traductor en el campamento. Yo hablaba cinco lenguages Asiáticos con fluidez y algo de francés, pero inglés, no. Yo también dedicaba parte de cada día a enseñar los niños en el campamento Tai Kwan Do y Karate. A ellos les encantaba esto.

Mi tío había contactado a las Naciones Unidas y estaba intentando completar todo nuestro papeleo para que nosotros pudieramos dejar las Filipinas y venir a los Estados Unidos.

Al jefe de la bodega yo le caía bien y me dejaba manejar la distribución de comida. Cada día nosotros traíamos cuarenta camiones de comida para la gente. Nosotros entonces dividíamos pollo, arroz, vegetales y frijol para cada persona en cada familia. El jefe dijo que esta era la primera vez que la gente no sufría por tener muy poca comida.

Afortunadamente para mí, yo era muy popular con muchas damas lindas en el campamento. A ellas les gustaba. A sus padres también les caía bien y querían que yo fuera su yerno. Yo decía, "No," pero era aún amable con todas estas muchachas. Además, ellas cocinaban y hacían la limpieza para mí. Esto me permitía estar ocupado con las carreras, alimentar a la gente, jugar fútbol, traducir, enseñar Tai Kwan Do e acompañar a Khon a la ciudad.

Día tras día nosotros esperábamos en el campamento por un permiso de un patrocinador para venir a los Estados Unidos. Finalmente nosotros recibimos noticia que la Iglesia Metodista en Ellensburg, Washington había encontrado un patrocinador quien estaba dispuesto a mantener nuestra familia en los Estados Unidos.

Antes que nosotros fuéramos autorizados a dejar el campamento de refugiados mi familia completa tenía que hacerse una prueba especial administrada por la Cruz Roja de las Naciones Unidas.

Nosotros fuimos a un cuarto en un hospital de Manila con un traductor. Esperamos en una larga fila. Luego caminamos pasando una cortina uno a la vez. Ellos nos hicieron quitar toda la ropa. Luego nosotros nos paramos desnudos en frente de un oficial de la Cruz Roja quien estaba sentado con un sujetapapeles. Atrás de la cortina estaban los traductores: Camboyanos, Laosianos y Vietnamitas. Los traductores nos dirían que hacer y el oficial de la Cruz Roja nos observaría y escribiría las cosas. A mí me dijeron que levantara las manos y que diera media vuelta. El oficial observó todo mi cuerpo, cada parte. El me dió una tarjeta verde lo que quería decir que estaba en buen estado. Entonces fue autorizado a ponerme mi ropa y salir.

Mi hermano, Chhay, entró enseguida e hizó esta prueba. El no pasó la prueba porque él tenía varicela. El salió de la cortina con una tarjeta roja. La gente en fila dijo, "Oh, ellos te detuvieron. Tú no puedes ir a los Estados Unidos."

Nosotros llevamos a mi hermano al doctor. El le dijo a mi hermano que él tenía que ir a una carcel de "chango" lejos de la gente. Ellos lo apartaron de mi familia y lo pusieron en una celda a dos millas del campamento. Nosotros íbamos a visitar y a alimentar a nuestro pequeño chango cada mañana.

Esa semana recibimos noticias de la Cruz Roja que nuestro patrocinador pensaba que nosotros estábamos programados para llegar y había esperado en el aeropuerto. Ellos no sabían de la enfermedad de mi hermano. Nosotros los contactamos y nos disculpamos por esto. Nosotros les dijimos que mi hermano no había pasado la prueba a causa de la varicela y que con buena suerte nosotros estaríamos arrivando la semana siguiente.

Yo regresé a trabajar en la bodega la mañana siguiente. Mi jefe se me acercó y yo le dije que estaría saliendo para los Estados

Unidos la semana próxima. El estaba muy triste. El dijo que nunca había visto a nadie que separara comida tan bien para la gente. El me amaba y quería que me quedara para ayudar a la gente. Yo le dije que yo necesitaba irme para estar con mi familia en los Estados Unidos.

El me escribió una carta de recomendación maravillosa.

Después de una semana en la carcel para changos mi hermano recibió luz verde. Luego yo fui diciéndole adiós a todos mis amigos. Muchachas que me habían ayudado con mi ropa y comida vinieron a mi y lloraron. El jefe de comida lloró cuando le dije adiós.

Les dije, "Este es mi día para empezar una nueva vida."

Ese día yo empaque todo lo que necesitaría traer a mi nueva vida. Alrededor de mi cuello colgaba la Tarjeta de Identificación para Refugiados ICM. Yo traía puesta la ropa que traería a América. Mi mochila estaba llena de papeles y documentos legales. Yo no tenía dinero. Ni un centavo.

A medida que nos alejábamos del campamento, miré afuera por la ventana del autobús. Yo no podía creer lo que estaba viendo. Nosotros estábamos volteando al lado de una carretera empinada, peligrosa y angosta con enormes precipicios bajo nosotros. Yo miré hacia abajo y estaba muy asustado. Si el autobús se salía de la carretera, estábamos muertos. Yo había sobrevivido los Campos de la Muerte, peleado contra los Jemeres Rojos y los Vietnamitas. Después de ocho años de labor constante, bombas y balas me dí cuenta que podría morir ahí en un accidente de autobús. Una vez más la gente en el autobús empezaron a vomitarse uno encima de otro. Todos estaban mareados de la carretera curveada y espantosa.

Finalmente llegamos al aeropuerto. A más de ocho-cientos refugiados les dijeron que se alinearan en diferentes filas: Camboyanos, Laosianos, Ming y Vietnamitas. Luego nosotros abordamos el avión.

Estaba lleno de gente. Nosotros éramos pequeños y fuimos colocados dos en cada asiento. No llevábamos nada con nosotros excepto un par de ropa y nuestros papeles. Nosotros habíamos dado todas nuestras escasas pertenencias a la gente Filipina de la selva.

Yo me senté en el centro cerca de la ventana. Yo podía ver todo. El avión despegó de las Filipinas. Eso era todo. Adiós Filipinas. Yo me dirigía hacia nuevos amigos.

Nosotros llegamos a Tokio y todos los refugiados se dirigieron en diferentes direcciones. Algunos iban a Francia, Australia o Sudáfrica. Quinientos de mi campamento inmediatamente abordaron un gigantesco avión dirigiéndose a San Francisco sin ningún descanso. Cuando yo miré para afuera por la ventana, todo era azul. Yo seguí viendo mi reloj. Doce horas más tarde aún no habíamos aterrizado. En una televisión de pantalla grande ellos pusieron una película de vaqueros una y otra vez. Yo miraba mi reloj cada hora por otras seis horas. Nosotros finalmente llegamos a San Francisco. Estaba muy frío. Nos dieron chaquetas y un cuarto para descansar. Cinco familias, incluyendo la mía, se subieron al siguiente avión para un vuelo al aeropuerto de Sea-Tac en Seattle, Washington.

En Sea-Tac, nos subimos a una avioneta pequeña. Nada más era mi familia y doce personas altas blancas. El vuelo de Seattle fue derecho sobre el lado oeste de las montañas del estado de Washington y luego directo por el lado este hasta Yákima. Yo miré por la ventana. Había mucho verde y muchas cosas cuadradas. Yo no tenía idea lo que eran. Veinte horas después de dejar a nuestros amigos en Manila, arrivamos en Yákima.

Yo vi a mi tío con un vehículo en el aeropuerto. Era la primera vez que lo veía desde 1975. Mi hermano Cole He estaba ahí también. El estaba grandote con grandes músculos. El era estudiante de último año en preparatoria. La última vez que lo había visto tenía diez años.

Los patrocinadores nos pusieron en carros y nos transportaron a Ellensburg. Ahí estaba ya una casa para nosotros.

34

Bienvenido a América
1984

El primer día en Ellensburg mucha gente vino a vernos. Yo estaba desconcertado, con el sonido del avión aún zumbando en mis oídos. Yo no podía hacer nada, no podía comer ni dormir. Yo estaba bien tenso y nervioso. La mañana próxima el patrocinador nos llevó al médico para asegurarse que nosotros estábamos bien. El doctor me sacó rayos x de pies a cabeza. El encontró metal en mi cuerpo. Había un pedazo afilado de metal en mi pierna. El me dijo que esperarían unos años para sacar el metal. Cinco años después cuando fui a que me lo quitaran, los rayos x no mostraron ningún metal. El doctor y yo no teníamos ni idea a donde se había ido.

Nuestra casa estaba en la calle Ruby. Mi hermano Cole He había estado ahí desde 1975. El nos llevó alrededor a mí y a mis padres en su carro enseñándonos el pueblo. Yo le conté mi historia mientras dábamos una vuelta. En la noche después que regresamos a casa, entré a usar el baño. Yo miraba alrededor del cuarto y al inodoro. Miré la taza del baño; había agua dentro. En el baño del avión solamente había una taza y un hoyo, pero sin agua.

A mí me habían enseñado a no orinar o hacer popó en el agua. Eso era considerado como hacerle algo malo al agua, entonces yo me fui al porche de atrás y decidí regar las plantas.

Subí a mi cuarto, prendí todas las luces y me fui a dormir. Yo nunca antes había dormido en una habitación con luces. Mi hermano vino a nuestra habitación y apagó las luces. Yo me desperté y tenía mi cobija encima de mi cabeza. Miré a mi alrededor y todo estaba obscuro así que prendí las luces otra vez. Mi hermano se despertó y apagó las luces de nuevo. Yo me levanté y las prendí otra vez. Finalmente él dijo, "¿Qué estás haciendo?"

Yo me acosté de nuevo para dormirme y decidí que necesitaba ir al baño otra vez. En esta ocasión necesitaba hacer popó, entonces fui a usar el inodoro. Observé la taza otra vez. Yo no podía decifrar como podía hacer popó sin tocar el agua. Yo no sabía que hacer. Yo me preguntaba si podía hacer popó afuera. Yo no conocía las reglas en los Estados Unidos, nadie me había dicho. En las Filipinas y Camboya, tú sólo podías ir afuera a la selva. Los baños eran solamente un hoyo en el suelo.

Yo decidí usar el papel de baño para llenar la taza. Entonces yo subí en la taza con mis pies en la tapa. Cuando había acabado caminé de regreso a mi habitación.

Mi hermano estaba despierto y me preguntó porque él no había oído nada de agua correr. El me llevó al baño y me dió una lección de como usar el inodoro, al estilo Americano. Después de todo eso, nos fuimos a la cama. El me permitió dejar las luces encendidas. Yo dormí con la cobija sobre mi cabeza.

Nuestros patrocinadores ayudaron a mi familia con las idas a la tienda. Nosotros empujamos dos carros alrededor de la tienda de abarrotes. El patrocinador nos dijo que compraramos todo lo que quisiéramos, así que los llenamos con paquetes. Nosotros no teníamos ni idea de lo que estábamos comprando. Nosotros sólo escogíamos cosas que se veían buenas. Nosotros llenamos los dos carros y nos fuimos a casa. Los patrocinadores nos dieron un teléfono y dijeron que sólo presionaramos un botón en el teléfono si necesitábamos ayuda.

Dos meses después me sentía mejor. Ya no estaba mareado, pero mis piernas estaban aún adoloridas de sentarme en el avión por veinte horas. Todas las noches cuando dormía escuchaba bombas toda la noche. Yo podía ver a mis soldados en mis sueños. Nosotros platicábamos, caminábamos, jugábamos y peleábamos. Yo pensaba en los Jemeres Rojos y tantas veces estar al borde de la muerte.

Una noche yo estaba gritando dormido. Mi hermano me despertó y me preguntó que pasaba. Yo le dije que estaba teniendo una pesadilla. Yo estaba peleando en la selva. Yo estaba gritando, "Vamos. Atrápenlos vivos."

Todo mi cuerpo estaba mojado de sudor. Luego, yo no pudé dormir así que fui afuera y me senté al lado de un árbol por un buen rato. Mi hermano salió cerca de la una de la mañana. El me preguntó, "¿Por qué estas acá afuera?"

Yo le dije, "Yo no puedo dormir. Me acuerdo de mi grupo."

El dijo, "Bun, tú estás en América ahora. No tienes que pensar en eso ya."

Yo le dije que yo oía bombas. El no sabía que decirme acerca de eso. Cole He había evadido la guerra.

El día siguiente yo le dije a mi mamá que yo no podía dormir y que pensaba en mis soldados. Mis padres me dijeron que era difícil alejarte de un trabajo como ese. Ellos me dijeron que mis soldados estaban acordándose de mí también y por eso era que yo los soñaba. Les dije que quizás Meng estaba a cargo de los soldados ahora y esperaba que mis soldados estuvieran bien.

Un día un amigo Camboyano me preguntó, ¿Quiéres ir a trabajar?" Por tres meses había estado recibiendo un cheque de asistencia social sin hacer nada.

Yo me reí de él. Yo le dije que yo justo había trabajado por cinco años sin descanso, veinte-y-tres horas al día, gratis. Yo le dije que estaba cansado de trabajar.

El se rió de mí y me explicó que en América te pagaban por trabajar. Le conté a mi mamá, "Mamá, un amigo habló y me dijo que me pagarían por ir a trabajar."

Ella me dijo que esto era verdad.

Mi amigo llegó y cuando le dije del trabajo, él me miró y dijo, "Tú estas flaco y aún enfermo, ¿Y quieres trabajar en América? ¡Tú estas muy pequeño y muy debil!" (Yo solamente pesaba 99 libras en aquel tiempo).

El día siguiente mi amigo Camboyano vinó a recogerme para ir a trabajar a una hacienda en Kittitas. Mi amigo me llevó a la casa esa noche y me dijo que me recogería a las 7:00 a.m. la mañana siguiente. En la mañana él se enteró que él tenía que ir a un trabajo diferente y no pudo decirme.

Yo salí en la mañana a esperar a mi amigo del trabajo. El no llegó. Yo entré de vuelta a casa a las 7:15 a.m. y le dije a mamá, "Mi amigo no apareció."

Ella me dijo que era mejor que me apurara y fuera corriendo a la hacienda. Se suponía que debía estar ahí a las 8:00 a.m., así que salí corriendo a la hacienda. Estaba a diez millas de retirado. Luego de un poco más de treinta minutos llegué a la hacienda. Un entrenador de atletismo después me dijo que esto no era posible. ¡El dijo que se hubieran roto todos los récords! Le dije que yo tenía un tatuaje de mi maestro en mis rodillas y que había corrido a todo por todo el camino así como lo hacía con Khon en las carreras de una hora en las Filipinas.

Ese día nosotros trabajamos en un calor de 110-grados arrancando hierbas malas y escarbando tierra para los campos de papas. Esa noche yo corrí diez millas de regreso a casa. Cuando llegué, Mamá ya había preparado una comida y nosotros miramos televisión. Yo escribí en la tabla esa noche que mi paga era $4.00 por hora. Yo trabaje ocho horas, lo que quería decir que ¡yo había ganado $32.00! Yo dije, "¡Caray, eso es más de lo que gané en cinco años en Camboya!"

El siguiente día mi tío se comunicó conmigo y me preguntó que si yo quería ir a trabajar en otro empleo. Yo estuve de acuerdo. No me preocupé en decirle que yo ya estaba trabajando en una hacienda en Kittitas, así que ese día obtuvé otro trabajo que comenzaba a las 6:00 p.m. Nosotros teníamos que limpiar una fábrica de carne después que los empleados se fueran a casa.

La mañana siguiente corrí hasta la hacienda en Kittitas e hice mi trabajo en el calor. Cuando salí del trabajo corrí de regreso para encontrarme con mi tío en la fábrica de carne. Yo llegué ahí antes que mi tío. Cuando él apareció limpíamos por dos horas.

El día siguiente un primo Camboyano, que trabajaba en una fábrica de enlatados, me preguntó si quería otro trabajo. Yo dije, "Sí." Este trabajo comenzaba a las 8:00 p.m. y terminaba a las 6:00 a.m. Luego de salir de ese trabajo yo corría hasta la hacienda y trabajaba hasta las 5:00 p.m., después corría de regreso al centro de Ellensburg y iba a trabajar para la fábrica de carne con mi tío por dos horas. Luego corría a casa y comía algo de cena que mi mamá había preparado. Para las 8:00 p.m. estaba en la fábrica de enlatados donde recogía maíz en una línea de montaje hasta las 6:00 a.m., luego corría de regreso a casa y dormía por una hora, despertaba y corría a la hacienda en Kittitas.

Mi papá oyó que estaba haciendo esto y me dijo, "Bun, tú vas a caer muerto."

Yo le dije, "Papá, en el ejército yo trabajaba veite-y-cuatro horas al día con mi vida en la línea todos los días y nunca me pagaron. Yo ayudaba a la gente en el campamento de refugiados y nunca me pagaron. Aquí estoy ganando dinero por primera vez."

Algunas veces cuando trabajaba en la línea de montaje, yo pensaba en mi época con mis soldados. A veces pensaba en cosas graciosas como el largo viaje a Estados Unidos en avión. Veinte horas con ocho-cientas personas usando el baño en ese avión. Yo me preguntaba a dónde se iba toda esa cosa.

En ese año trabajé en muchos empleos y gané mucho dinero. Yo llevé el cuarto cheque a la oficina con un traductor Camboyano porque estaba ganando mucho dinero. Yo regresé el cheque y les dije que estaba trabajando en tres empleos y ganando mucho más que el chequé de asistencia social.

La dama en la oficina dijo, "¿Por qué estas haciendo eso? Se supone que tienes que llevártela tranquila y recuperarte."

El trabajo en la hacienda de Kittitas se terminó ese invierno así que reemplacé ese trabajo limpiando un restaurante. Durante el día trabajaba en una fábrica de carne desde las 10:00 a.m. hasta las 5:00 p.m., luego corría a casa y comía la cena antes de correr al trabajo en la fábrica enlatadora desde las 6:00 p.m. hasta las 6:00 a.m.

Yo iba a casa en la mañana y dormía por una hora antes de ir a limpiar el restaurante hasta las 10:00 a.m.

Durante mi tiempo libre hacía trabajo de carpintería, jardinería y ayudaba en la Iglesia Metodista. Así yo trabajaba siete días a la semana. Si me mantenía ocupado de esta manera, yo no pensaba en los Campos de la Muerte, las bombas o mis soldados tan a menudo.

Cada viernes yo le daba el dinero a mi mamá. Yo le pedía a ella $5.00 dolares para comprar dulces. Los dulces eran buenos para correr y durante los descansos en todos mis trabajos.

Así fue como yo pasé mis primeros dos años en América. No inglés, televisión o novia. Solamente corriendo, trabajando y ganando dinero para darle a mi familia y a mis amigos.

1984 fue un buen año para mi familia. Con excepción de mi hermano Phon quien no había sido encontrado, todos los niños de mamá habían sobrevivido los terribles crímenes de los Jemeres Rojos. Mi hermana estaba bien en Francia. Cole He era un estudiante de último año de preparatoria, Chhay estaba aprendiendo inglés en la escuela y yo estaba trabajando en varios empleos y divirtiéndome. Mi papá disfrutaba platicando con sus amigos y familia.

Todos los días yo estaba agradecido porque mi mamá me encontró. Sin sus cartas, yo no sé cuanto tiempo más hubiera sobrevivido la guerra. Por ocho años mi mamá nunca perdió la esperanza que ella encontraría a sus hijos. El hecho de que ella me encontró es prueba que en la vida, sin importar lo difícil de la situación, tienes que aguantar. Nunca, nunca darte por vencido.

Epílogo
✳ ✳ ✳

Identificación Camboyana

La familia Yom (menos el hermano mayor, Phon) reunidos en Tacoma, Washington en 1997. La mamá de Bun (segunda de la izquierda) encontró su hermano, Cole He, en EEUU en 1980, y su hermana, Bo Pha, en Francia en 1982.

La Última Bendición
1996

Phon Yom, el hermano mayor de la familia de Bun, fue encontrado por su mamá en Camboya en 1996 gracias a su esfuerzo continuó contanctando agencias, amigos y parientes con la esperanza de encontrar a su hijo.

La fábula de Phon Yom es también una asombrosa historia de sobrevivencia. Phon trabajó en los Campos de la Muerte hasta 1979 hasta que él logró escapar al lado Vietnamita durante una batalla entre los Jemeres Rojos y los soldados Vietnamitas. Después de recuperarse, Phon se unió al Ejército Vietnamita para tener comida. El peleó con el Ejército Vietnamita contra los Jemeres Rojos hasta 1982.

En un retorcido giro del destino, su último día como soldado fue el día que los Soldados de Liberación de Bun se encontraron la patrulla Vietnamita de Phon. La Fuerza Especial de Bun tenían a los soldados de Phon rodeados y pronto colocaron sus cañones para destruir la posición de los Vietnamitas. Minutos antes las bombas aterrizaron, Phon detectó el conflicto y escapó de ser atrapado.

Sin tener idea de que su hermano estaba ahí, Bun procedió a apuntar con precisión bombas al lugar exacto en el que Phon había estado parado sólo minutos antes. Este roce con la muerte segura convenció a Phon a dejar el Ejército Vietnamita y buscar una vida mejor. El terminó viviendo con un amigo en Camboya y abrió un taller de reparación de bicicletas.

Bun llamó a Phon en 1996 y platicaron acerca de la vida y sus últimos días en el ejército. Durante esa llamada Bun se dió cuenta que fue él quien había bombardeado a su hermano hacia la sensibilidad. Un final adecuado en realidad.

El hermano de Bun, Phon Yom.

Conclusión

✳ ✳ ✳

Yo no entiendo por qué todos los miembros de mi familia se salvaron mientras muchos otros perecieron. Yo sí sé que mi familia y mis maestros nos enseñaron a mis hermanos, hermana y a mi que hiciéramos el bien a toda la gente, que camináramos un camino recto, que ayudáramos a las personas y nunca las engañáramos. Yo recordaba estas cosas hasta en las horas mas obscuras de los Campos de la Muerte y la guerra. Quizás fueron estas cosas las que nos mantuvieron vivos a mí y a mi familia.

Acerca del Autor

Bun Yom ha sido un accesorio en la comunidad de Ellensburg, Washington desde 1984. El está casado y tiene tres hijos quienes ayudaban a manejar el restaurante de Bun de comida Tailandesa. Bun habla seis idiomas, inglés siendo el más reciente. Su nueva vida de viajes, giras de promoción del libro y discursos ejemplifican su amor para escribir libros y compartir su historia.

Cuando Bun no se encuentra bajo el cofre del carro de un vecino o llevando a su esposa a Seattle a comprar comestibles asiáticos. El todavía disfruta practicar Tai Kwan Do al nivel de cinta negra y enseñar a sus amigos a "volar."

Bun muestra a su amigo a "volar."

Bun Yom, 2010

Muy Pronto Llegará...

Bienvenido a América
de Bun Yom

La continuación de *Mañana Estoy Muerto* del autor Bun Yom, con humor nombrado, *Bienvenido a América*, estará disponible muy pronto. Luego de sobrevivir los Campos de la Muerte y las interminables guerras en Camboya, Bun se encuentra en Ellensburg, un pequeño pueblo en el centro de Washington que disfruta del rodeo, frente a una nueva aventura y una serie de desafíos nuevos en un mundo que la mayoría de nosotros no valoramos.

Acostumbrado a un ritmo de veinte-y-cinco horas al día, ocho días a la semana, Bun pasa tres años trabajando durante todo el día. El se convierte en una muy respetada pieza de curiosidad en la comunidad: "el pequeño refugiado Camboyano quien corre hasta todos sus empleos." En 1986, Bun comienza en un empleo de tiempo completo como jardinero en los Terrenos de la Feria del Condado de Kittitas en Ellensburg donde él dedica su energía imparable a su trabajo y a ayudar a toda la gente. Bun pronto es promovido a jardinero principal y se enfrenta a desafíos que ni el humor, ni el ingenio, ni la resistencia de Bun estan preparados para ellos.

La saga asombrosa de Bun continua, como nuestro heroe de cinco-pies-tres, parecido a un santo, de clase obrera trata de "aguantar ahí" y ayudar en un mundo que es algunas veces es difícil de entender.

Mañana Estoy Muerto
de Bun Yom

Disponible en su librería local o en línea en:
www.bunyom.com
ISBN 978-0-9833617-6-3

Para información o para programar una entrevista de Bun, presentaciones, conferencias, clases o firma de libros comuníquese con:

Andante Publishing
www.andantepublishing.com
contact@andantepublishing.com

Fundación Camboyana de Bun Yom

Bun transfiere 100% del dinero donado directamente a U Dong, donde es gastado en su totalidad en comida y educación para la gente de Camboya.

Donar en línea en www.bunyom.com
o mandar cheque o giro postal a:

Fundación Camboyana de Bun Yom
16625 Redmond Way, Suite 123 • Redmond, WA 98052

Made in the USA
Charleston, SC
08 December 2012